Las Cabras Pigmeas como Mascota

Cabras Pigmeas, Mini Cabras o Cabras Enanas: datos e información.

Cría, reproducción, mantenimiento, ordeñe, alimentos, cuidados, salud y dónde comprarlas, todo incluido.

por

Elliott Lang

AGRADECIMIENTOS

Quiero agradecer a mis hijos por inspirarme para escribir este libro. Su amor y devoción por nuestras
cabras pigmeas, AJ y Buckley, me inspiró a compartir
con el mundo la alegría de tener estas mascotas.

Un agradecimiento adicional a mi esposa, cuya paciencia
para conmigo no conoce límites.

Contenido

Capítulo Uno: Introducción

Cuando la gente escucha la palabra "mascota" se imagina un adorable gatito o un perro peludito - tal vez incluso un hámster o un pájaro. La mayoría de la gente no asocia la imagen de una cabra con cuernos y barba con la palabra "mascota". Las cabras pigmeas, sin embargo, se están convirtiendo en mascotas muy populares y por una buena razón. Estos animales son muy amigables y pueden ser increíblemente entretenidos. Si alguna vez has deseado una mascota pero no quieres elegir algo "tradicional" como un gato o un perro, una cabra pigmea podría ser la opción adecuada para ti.

Si bien estos animales pueden no ser lo primero que te viene a la mente cuando piensas en la palabra «mascota» en realidad son excelentes animales de compañía. Las cabras pigmeas son increíblemente inteligentes y cariñosas por naturaleza, y es una alegría tenerlas. Además, el costo y cuidado necesario para tener estas mascotas es significativamente menor que el de tener otra clase de ganado. Si estás buscando una mascota única y entretenida, considera la cabra pigmea.

En este libro conocerás lo básico sobre las cabras pigmeas, incluyendo su origen como mascota, su aspecto y cómo cuidarlas. Vas a recibir toda la información que necesitas para preparar el espacio para tu cabra pigmea y aprovisionarte de los elementos necesarios para mantenerla sana. También encontrarás una cantidad de herramientas y recursos valiosos sobre la cría de las cabras pigmeas, así como información importante relativa a la prevención y tratamiento de las enfermedades.

Como ventaja adicional, también recibirás una gran cantidad de información sobre la exhibición de las cabras pigmeas, además de una larga lista de preguntas frecuentes. ¡Todo lo que podrías preguntarte sobre las cabras pigmeas lo encontrarás en las páginas de este libro! Si alguna vez pensaste en tener cabras pigmeas como mascota, este libro es justo lo que necesitas para empezar.

¿Qué estás esperando?
¡Empieza ahora a aprender sobre las cabras pigmeas!

Capítulo Dos: Conocimiento sobre las cabras pigmeas

1.) ¿Qué son las cabras pigmeas?

La cabra pigmea es una raza de cabra doméstica miniatura que a menudo se cría para proporcionar carne. Estas cabras también son buenas como productoras de leche y a veces se las tiene como mascota. Las cabras pigmeas son criaturas resistentes y son fácilmente adaptables a una variedad de climas y ambientes. Aunque de apariencia similar a otras razas de cabras domésticas, la cabra pigmea exhibe algunas diferencias anatómicas incluyendo la existencia de espolones, así como la fosa paralumbaris, el tipo de articulación de la cadera que tiene comúnmente el ganado.

2.) Datos sobre las cabras pigmeas

Las cabras pigmeas generalmente pesan entre 24 y 40 kilos. Las hembras de la especie, también llamadas chivas, generalmente pesan entre 53 y 75 libras. (24 a 34 kg) y los machos, llamados chivos, pesan entre 60 y 90 lb. (27 a 39 kg). La mayoría de las cabras pigmeas alcanzan una altura máxima a la cruz entre 16 y 23 pulgadas (41 a 58 cm). Las cabras pigmeas son de una variedad de colores, incluyendo blanco, negro, gris, marrón y diversas variaciones en caramelo y gris.

Las cabras pigmeas son animales resistentes y tienden a ser afables y dóciles. Estas características las convierten en una mascota popular. Además de su carácter amistoso, la cabra pigmea también es una buena productora de leche y una eficiente exploradora. A estas cabras les va bien en una variedad de entornos y son capaces de adaptarse a casi cualquier tipo de clima.

Y no requieren muchos cuidados especiales. De hecho, están muy bien con poco más que un galpón de 8 x 10 pies, con áreas para dormir y comer. Con un espacio para deambular y pastar, estas cabras son mascotas muy activas y sociables. No solo son bastante simples de mantener, sino que también son criadoras —las hembras generalmente tienen de una a cuatro crías cada 9 a 12 meses.

3.) Historia de las cabras pigmeas como mascota

Las cabras pigmeas son originarias de África, del valle de Camerún. Hay dos tipos de enanismo evidentes en las cabras en África. La acondroplasia se traduce en piernas desproporcionadamente cortas con un cuerpo regordete y una cabeza corta, mientras la hipoplasia pituitaria produce una cabra pequeña con proporciones normales. El primero de estos dos tipos es más común en las cabras de África occidental, mientras que el segundo tipo es común en todo el Sudán meridional.

En Gran Bretaña, el Club de las Cabras Pigmeas no distingue entre los dos tipos, aunque se piensa que las cabras pigmeas modernas están vinculadas más estrechamente a las cabras enanas de África occidental que a las del sur de Sudán. Antes de la formación del club en 1982, las cabras pigmeas se identificaban por sus nombres regionales como camerunesa, nilótica, nigeriana, de África occidental y sudanesa. Sin embargo, el Club de las Cabras Pigmeas en Gran Bretaña descartó estos nombres regionales, prefiriendo el nombre general de cabra pigmea.

Se cree que estas cabras fueron domesticadas alrededor del año 7,000 a.C., aunque los zoológicos europeos no las importaron de África hasta los años cincuenta. Las cabras pigmeas se tenían para exhibir como animales exóticos en los zoológicos de Suecia y Alemania y a veces se las usaba para investigación. En 1959 se enviaron los primeros embarques de cabras pigmeas de Suecia a los Estados Unidos. Los destinatarios de estos envíos fueron la familia Rhue en California y la granja Catskill Game, en el estado de Nueva York. Con el tiempo, la popularidad de esta especie aumentó y pronto las personas las tenían como mascotas y animales de exhibición. Actualmente es común ver a las cabras pigmeas en zoológicos interactivos y también es frecuente tenerlas como mascota tanto en América del Norte como en Europa.

a.) Asociación Nacional de Cabras Pigmeas

La Asociación Nacional de Cabras Pigmeas (NPGA por sus siglas en inglés) es la asociación oficial de la raza de la cabra pigmea en los Estados Unidos. Esta asociación se formó en 1975 con el objetivo de "apoyar a la cabra pigmea en Estados Unidos, recopilando y difundiendo información, protegiendo el estándar de la raza y su linaje a través de [su] registro". Como parte de su misión, la NPGA también se dedica a facilitar la comunicación entre investigadores y criadores, además de establecer la afiliación a clubes regionales. La NPGA también se esfuerza para promover y popularizar la raza a través de publicaciones.

Los miembros de la NPGA deben comprometerse a respetar un código de ética, afirmando su compromiso de mantener el estándar de la raza y acatar las reglas de las exhibiciones. Los miembros de la NPGA también deben prometer ser veraces y precisos en la publicidad y vender sólo animales que estén en buenas condiciones. Los miembros de la NPGA tienen acceso a una amplia variedad de información en el sitio Web de la asociación y también pueden buscar o publicar anuncios de cabras pigmeas en venta. Otra información que se encuentra en el sitio incluye las reglas y horarios de exhibiciones, un registro de ganado en línea, productos y valiosos recursos para obtener información sobre el cuidado y mantenimiento de las cabras pigmeas como mascotas y para exhibición.

b.) Orígenes del Club de las Cabras Pigmeas

El Club de las Cabras Pigmeas es la asociación oficial de la cabra pigmea en Gran Bretaña. Este grupo fue fundado por la criadora Sylvia Collyer de Alton, Hampshire. Collyer mantiene un rebaño de cabras pigmeas azules y ruanas y, en 1981, escribió una carta a la revista *Fur and Feather* (Pelaje y Plumaje) preguntando si otros criadores de cabras pigmeas estarían interesados en iniciar un club. Un año después, el club fue lanzado oficialmente y se abrió un registro de identidad de cabras pigmeas. El objetivo de este registro fue recopilar información con respecto a los detalles de pedigrí de las cabras pigmeas en el país.

Las primeras reuniones del Club de las Cabras Pigmeas se dedicaron a establecer un estándar de la raza y a establecer a la cabra pigmea como raza en vez de clasificarla con diferentes nombres regionales. El estándar de la raza fue establecido basándose en el estándar de la raza americana, permitiendo todos los colores y marcas, excepto la blanca pura y la suiza. Después de establecer el estándar de la raza, Collyer pasó a escribir un manual de la cabra pigmea. La primera exhibición del Club de la

Cabra Pigmea se llevó a cabo en el mercado de ganado de Chelmsford en mayo de 1985 y fue juzgada por George Starbuck. El Club de la Cabra Pigmea sigue cambiando y creciendo y es ampliamente considerado como una sociedad establecida de la raza.

4.) Tipos de Cabra Pigmea

Las cabras pigmeas se conocen por el nombre científico de *Capra hircus*. Estas cabras tienen una amplia gama de colores y patrones, pero todas pertenecen a la misma especie. Las cabras pigmeas tienen un cuerpo robusto con un espeso pelaje y patas gruesas y firmes. El hocico es largo y las orejas largas se doblan hacia adelante sobre la cabeza. La genética juega un papel importante en la determinación del color de las cabras pigmeas y todos los colores son aceptables.

El pelaje de las cabras pigmeas generalmente es espeso y liso, de pelo medio/largo y la densidad puede variar según la estación. Los machos adultos tienen pelaje abundante con una barba espesa y larga. Los machos también pueden exhibir una copiosa melena colgando de los hombros. Las hembras también pueden tener barba, pero a menudo es escasa o corta. La coloración más común de las cabras pigmeas es un patrón agutí (canoso) compuesta por una mezcla de pelos oscuros y claros.

Si bien las cabras pigmeas de cualquier color son aceptables, deben exhibir marcas de la raza para cumplir con los estándares de conformación. Las cabras de color negro sólido son aceptables, pero las cabras multicolores deben exhibir una coloración en el hocico, frente, orejas y ojos más ligera que la mayor parte del cuerpo. La corona, raya dorsal y martingala son más oscuras que el color del cuerpo, así como las pezuñas delanteras y traseras. Generalmente, las cabras de color caramelo exhiben rayas verticales claras al frente de calcetines de color oscuro.

Resumen de Datos sobre cabras pigmeas

Promedio de vida 10 a 15 años
Peso promedio(hembras): 53 a 75 lb. (24 a 34 kg).
Peso promedio(machos): 60 a 90 lb. (27 a 39 kg).
Altura promedio: 16 a 23 pulgadas (41 a 58 cm)
Patrón común del pelaje: agutí (canoso)
Color de pelaje aceptable: cualquiera
Rasgos específicos de la raza: hocico, frente, orejas y ojos más claros; corona, raya dorsal, martingala y pezuñas más oscuras.

Capítulo Tres: Lo que hay que saber antes de comprar

Antes de salir a comprar una cabra pigmea, es importante que entiendas algunas cosas. En primer lugar, puede que sea necesario obtener una licencia o permiso para tener las cabras pigmeas en tu propiedad — si no obtienes este permiso podrían aplicarte multas o una acción legal. También tendrías que tomarte el tiempo para determinar si las cabras pigmeas se llevarían bien con otros animales que tengas en tu propiedad y cuántas deberías tener.

Además de esta información básica, también sería conveniente que te familiarizaras con los costos asociados al mantenimiento, para decidir si es o no un emprendimiento práctico para ti. Encontrarás toda esta valiosa información en este capítulo.

1.) ¿Necesitas una licencia?

En los Estados Unidos, generalmente se requiere un permiso para tener cabras pigmeas como mascotas. Para recibir un permiso tendrás que llenar una solicitud y presentarla en la Oficina de Control de Animales. Te van a pedir que incluyas la raza y género de la(s) cabra(s) y fotografía (s). Puede que también tengas que incluir certificados de vacuna y exámenes de salud. Si pretendes tener cabras pigmeas en una propiedad rentada, también vas a necesitar el permiso por escrito del dueño de la propiedad.

Algunos estados también podrían pedirte que coloques un cartel durante cierto periodo informando a tus vecinos que tienes cabras.

Capítulo Tres: Lo que hay que saber antes de comprar

Si la oficina de Control de Animales recibe alguna objeción por escrito, podría celebrarse una audiencia pública. Ten en cuenta que el permiso para tener cabras pigmeas solo cubre cierta cantidad, generalmente no más de dos, más sus crías menores de 6 meses de edad, en terrenos de hasta 20,000 pies cuadrados.

Además de limitar la cantidad de cabras que puedes tener en tu propiedad, también puede ser necesario un permiso para construir un espacio cercado para mantener a las cabras. Esta área debe estar debidamente cercada, drenada y limpia en todo momento. En algunos lugares pueden permitirte tener las cabras pigmeas en áreas sin cercar, siempre y cuando las tengas con correa para que no puedan salir de la propiedad. El permiso también puede requerir que tus cabras sean descornadas y esterilizadas. Generalmente, hay que renovar los permisos todos los años. Ponte en contacto con tu ayuntamiento para recibir información más específica sobre los permisos en tu área.

En el Reino Unido, los requisitos de los pueden variar, según la cantidad de cabras pigmeas que pretendas tener y el propósito por el cual las quieras tener. Puede que tengas que presentar un registro de explotación al Departamento de Medio Ambiente, Alimentación y Asuntos y Rurales (defra, por sus siglas en inglés), además de etiquetar electrónicamente a todas las cabras que tengas. Es posible que te pidan información específica acerca de la ubicación de la explotación, así como las especies y el propósito de tener las cabras pigmeas.

Para recibir un permiso es posible que tengas que registrarte como guardián de ganado y recibas un número de rebaño que se usará para identificar a tus cabras. No solo vas a necesitar un permiso para tener a tus cabras pigmeas, sino también puede que sea necesario otro permiso si pretendes trasladarlas (por ejemplo, a una exhibición) Ponte en contacto con tu ayuntamiento o directamente con defra para obtener información más específica sobre los permisos necesarios para tener cabras pigmeas en el RU.

2.) ¿Cuántas debería comprar?

Las cabras pigmeas son criaturas muy sociables por naturaleza, así que se recomienda tenerlas en grupo. La cantidad de cabras que podrías comprar se determinará según la cantidad espacio que tengas. Para cada cabra pigmea que pretendas mantener, tienes que estar preparado para ofrecerle 15 a 20 pies cuadrados - que es un área de aproximadamente 4 por 5 pies. También tienes que asegurarte de tener suficiente espacio interior para todas las cabras que pretendas tener.

Ten en cuenta que tendrás que mantener separadas a las chivas de los chivos, así que esto podría influir en la cantidad de espacio que tienes que tener para acomodar a tus cabras. Si planeas tener múltiples chivos, vas a necesitar un establo con pesebres separados y corrales al aire libre para mantener separados a los chivos. Para proporcionarles compañía a los chivos, podrías considerar mantener a un cabrito en el pesebre junto con el chivo adulto - esto le proporcionará compañía al adulto y al cabrito con comodidad y seguridad.

Si puedes mantener a tus cabras pigmeas en pastura abierta, sería la situación ideal. Cuando esto no sea posible, haz todo lo posible para proporcionar a tus cabras amplio espacio en corrales cercados. Un corral de 30-por-30 pies es suficiente para dos a cuatro cabras, pero siempre es mejor más que menos. Aunque tengas a tus cabras en un pastizal, de todos modos debes brindarle suficiente espacio de refugio a cada una de ellas.

3.) ¿Se puede tener cabras pigmeas con otras mascotas?

Las cabras pigmeas son muy amistosas y generalmente son buenos animales de compañía para otras especies de animales. Por ejemplo, las cabras pigmeas se ven a menudo en los hipódromos y los establecimientos de cría de caballos. También se han usado en los zoológicos como animales de compañía para los elefantes. Las cabras pigmeas también pueden llevarse bien con las mascotas domésticas, incluyendo perros y gatos.

No solo pueden ser compañeras de otros animales, sino también son buenos animales de compañía para las personas. Estas cabras son dulces y afectuosas y por su pequeño tamaño también son buena compañía para los niños. También se ha sabido que sirven como animales de terapia.

4.) Costo del cuidado

Tener cabras pigmeas generalmente es menos costoso que tener otro tipo de ganado, pero todo depende de la cantidad que tengas y de la calidad de los materiales que elijas para vivienda, corral y área de alimentación. Si eliges materiales muy básicos para alojamiento y cercado, puedes reducir en gran medida el costo de mantenimiento de las cabras pigmeas, pero puede que tengas que reparar o cambiar esos elementos mucho antes que si invirtieras en materiales de buena calidad. La alimentación de las cabras pigmeas es bastante barata, pero los costos de veterinario para vacunas, desparasitación y exámenes puede variar considerablemente.

Cuando decides criar cabras pigmeas, tienes que prever algunos gastos iniciales. Estos costos incluirán el precio de las cabras, el de construcción del corral, el del refugio y el aprovisionamiento de alimento. Después de estos gastos iniciales, tendrás que proporcionarles regularmente alimentación y atención veterinaria. Las próximas secciones te ayudarán a estimar el costo de criar una o más cabras pigmeas.

a.) Resumen de costos iniciales

El precio de una cabra pigmea generalmente está entre $150 y $350. El precio puede variar, sin embargo, si se la estás comprando a un criador registrado o a través de un anuncio en línea. El precio también puede variar según el sexo del cabrito que estés comprando. Los costos de construcción de un corral y un establo para tus cabras pigmeas puede ser muy variable según la cantidad que pretendas tener y el tipo de espacio que tengas para trabajar. Los costos de los corrales pueden estar entre $200 y $1000, según la calidad de los materiales y el tamaño.

Además de comprar las cabras pigmeas, también es posible que tengas que pagar algunos servicios al principio. Antes de llevar a casa a tus cabras, tienes que asegurarte de que hayan sido adecuadamente descornadas, vacunadas y desparasitadas. Estos servicios pueden costar entre $30 y $100, dependiendo de si los obtienes de un veterinario o directamente de la granja. También podrías considerar costos adicionales como la afiliación a tu club o asociación de cabras pigmeas regionales o nacionales, además de cualquier arancel requerido para obtener o renovar una licencia para mantener las cabras pigmeas en tu propiedad.

b.) Resumen de costos mensuales

Después de cubrir los iniciales de la compra y preparación del corral para tus cabras pigmeas, también vas a tener que considerar los costos mensuales de alimentación y atención veterinaria. Los exámenes veterinarios comunes pueden ser de entre $20 y $40 por visita, excluyendo el costo de las medicinas y vacunas, que pueden costar tan poco como $2 cada una o hasta $30 por mes. El costo de la alimentación dependerá de la cantidad de cabras que tengas. Un fardo de alfalfa puede costar entre $9 y $12 y el cereal generalmente cuesta unos $10 por bolsa de 50 libras. Otros costos mensuales a considerar incluyen agua y calefacción para el establo de tus cabras y varían según la cantidad de cabras y el espacio del establo.

5.) Ventajas y Desventajas de las Cabras Pigmeas

Ventajas de las Cabras Pigmeas

a) El tamaño diminuto de las cabras pigmeas hace que no necesiten tanto espacio como otro tipo de ganado
b) Muy amistosas y cariñosas por naturaleza.
c) Son excelentes mascotas, sobre todo para niños y familias.
d) Son buenas como animales de compañía e incluso como animales de servicio.
e) Fáciles de adiestrar —se pueden usar para ordeñe o para jalar de un carrito.

f) Tienen cría todo el año — hay cabritos disponibles en cualquier época del año.

g) La cría es bastante fácil - no se requiere ningún entrenamiento especial para criar cabras pigmeas.

Desventajas las Cabras Pigmeas

a) Las cabras mascotas de cualquier tipo pueden ser destructivas y ensuciar bastante.

b) Les encanta saltar y trepar y podrían escaparse del corral si las cercas son demasiado bajas.

c) Pueden ser melindrosas para comer y requieren cierta dieta.

d) Las preñeces no planeadas pueden ser un problema si no separas a los cabritos a la edad adecuada.

e) Se requiere una licencia para tenerlas, que puede incluir restricciones.

f) Los chivos intactos pueden ser muy temperamentales y emitir un olor fuerte.

g) El costo de las vacunas y tratamientos de enfermedad puede llegar a ser elevado.

h) Los chivos y las chivas tienen que mantenerse separados — puede hacer falta construir más corrales.

Capítulo Cuatro: Compra de cabras pigmeas

1.) Dónde comprar cabras pigmeas (EE UU y RU)

Cuando quieras comprar cabra pigmeas, tienes varias opciones entre las cuales elegir. Si no te preocupa comprar cabritos, tu punto de partida sería fijarte en los centros locales de rescate de cabras en tu área. Los centros de rescate en los EE UU y RU recogen cabras abandonadas y las rehabilitan antes de ofrecérselas a nuevos dueños. Puedes encontrarlos en tu área buscando en línea o poniéndote en contacto con los servicios animales de tu condado.

Si prefieres comprársela a un criador registrado y vives en Estados Unidos, puedes checar el sitio web de la Asociación Nacional de Cabras Pigmeas (NPGA por sus siglas en inglés) Además de ofrecer información valiosa acerca del cuidado y exhibición de las cabras pigmeas, la NPGA también les da a los criadores registrados la oportunidad de anunciar la venta de sus animales en su sitio web. También puedes encontrar a los criadores locales de tu área usando el sitio web.

En el Reino Unido puedes encontrar un listado de criadores registrados en el sitio web del Club de las Cabras Pigmeas. Aunque los criadores que figuran en la lista son miembros del club, puede ser que las cabras no estén registradas, así que es importante aclararlo con el criador individual. También puedes ponerte en contacto con los servicios animales de tu condado para buscar información sobre en tu área. También podrás encontrar en línea listados de anuncios de cabras pigmeas de propietarios individuales.

Asociación Nacional de Cabras Pigmeas - Criadores de EE. UU:
http://www.npga-pygmy.com/contacts/breeders

Club de las Cabras Pigmeas - Criadores de RU:
http://www.pygmygoatclub.org/breederslist.htm

2.) Cómo comprar cabras pigmeas

Al comprar cabras pigmeas, es importante asegurarse de comprárselas a un criador responsable y de que las que estás comprando están sanas. También tienes que tomarte el tiempo de averiguar si fueron vacunadas, qué alimentación están comiendo y la edad del animal.

Es importante hacer las siguientes preguntas al comprar una cabra pigmea:

¿Qué edad tiene la cabra?

Muchos dueños de cabras pigmeas prefieren comprarlas cuando son cabritas—esto asegura que las podrás criar tú mismo. Antes de comprar, pregunta la edad. Los cabritos no deben ser destetados antes de las 8 semanas de edad — muchos vendedores no las venden hasta que cumplen 12 semanas. Si compras un cabrito de 8 semanas o menos, puede que tengas que alimentarlo con biberón—y esto puede ser difícil si está acostumbrado a mamar directamente de su mamá.

¿Qué está comiendo?

Aunque las crías de cabra pigmea pueden no estar totalmente destetadas hasta las 10 a 12 semanas de edad, de todos modos deben estar comiendo cereal y heno desde antes de esa edad. Es importante asegurarte de que los cabritos que compres están acostumbrados a comer estos alimentos antes de llevarlos a casa. También es conveniente preguntar exactamente qué tipo de cereal y heno están comiendo, porque los cambios repentinos de dieta pueden causarles malestar estomacal. Es mejor alimentarlos con la dieta a la que están acostumbrados cuando los llevas a casa y luego cambiar gradualmente la dieta en el transcurso de 7 a 10 días.

¿Ha recibido suplementos?

Algunos criadores optan por ofrecerles vitaminas y suplementos de minerales para mejorar su desarrollo. Aunque generalmente no es necesaria la suplementación, puede ser beneficiosa si en tu área hay ciertas deficiencias nutricionales. Pregúntale al criador si tus cabras pueden estar en riesgo de deficiencias nutricionales y averigua si han estado recibiendo suplementos. Si las cabras han estado recibiendo suplementos, querrás continuar ofreciéndoselos o destetarlas lentamente para evitar problemas.

¿Fue vacunada?

Es sumamente importante vacunarlas, especialmente si estás agregando cabras nuevas a un rebaño existente. Si no fueron debidamente vacunadas, podrían contagiarles enfermedades a las que ya tienes. Antes de comprar, pide los antecedentes de vacunación y desparasitación y también una copia impresa. Las cabras pigmeas generalmente deben recibir sus primeras vacunas para enfermedades clostridiales (CDT) a las 10 a 12 semanas de edad - y también en ese momento hay que empezar un programa de control de parásitos .

¿Se le hicieron análisis al rebaño para detectar enfermedades?

Aunque puedas comprobar que las cabras que estás comprando fueron debidamente vacunadas, de todos modos es conveniente preguntar sobre la salud del rebaño. Las enfermedades que afectan a las cabras pigmeas pueden demorar semanas o años en manifestarse y en ese momento es muy difícil, aunque no imposible, curarlas. Algunas enfermedades son muy contagiosas y algunas incluso pueden transmitirse a los seres humanos. Pregúntale al vendedor si se le hacen análisis regulares al rebaño para detectar enfermedades, para estar seguro de que compras una cabra sana.

¿La cabra está registrada?

Cuando compras un cabrito, es posible que no puedas determinar si el que estás comprando es realmente pigmeo o no. Si no lo es, podrías encontrarte con una cabra lechera de 90 kilos en tus manos, en vez de la pigmea que esperabas. Para evitar que te pase esto, asegúrate de comprársela a un criador registrado.

Capítulo Cinco: El cuidado de las cabras pigmeas

Tener cabras pigmeas como mascotas puede ser una experiencia muy agradable, pero es importante que entiendas los conceptos básicos sobre su cuidado. Como todas las criaturas, las cabras pigmeas necesitan alimento, agua y refugio, y es tu responsabilidad satisfacer esas necesidades básicas. En este capítulo aprenderás a proporcionarle el refugio, cuidado y comida adecuados y también aprenderás los conceptos básicos sobre la cría de cabras pigmeas.

1.) Cuidado y necesidades

Las cabras pigmeas son conocidas por ser muy adaptables a una variedad de climas y ambientes. Por eso, es relativamente fácil tenerlas como mascotas. Como todos los animales, sin embargo, tienen ciertas necesidades de alojamiento, alimentación y cuidados en general. Al construir un establo o corral, tienes que tener en cuenta varias cosas.

La primera consideración es el espacio para cada cabra que planeas tener, y vas a necesitar al menos 15 a 20 pies cuadrados de espacio abierto. Esta es una estimación mínima simplemente para la comodidad del animal— asegúrate de checar los requisitos de permisos/licencias locales para determinar el espacio que necesitas proporcionarle legalmente a cada cabra. También vas a tener que planificar cercar el área con una altura mínima de 4 pies. Aunque parezcan pequeñas, son capaces de saltar a gran altura.

Capítulo Cinco: Cuidado de las cabras pigmeas

El refugio también es una preocupación fundamental al construir un refugio para las cabras pigmeas. En los estados del sur, donde el clima constantemente es más cálido, es posible que necesites algo más que una típica estructura de cobertizo. En las áreas más al norte, es posible que necesites un establo para proteger a tus cabras del frío, el viento, la lluvia y la nieve. Al construir un establo, asegúrate de tener en cuenta el tamaño, la accesibilidad y el mantenimiento. El establo debe ser lo suficientemente amplio como para albergar cómodamente a todas tus cabras y debe ser accesible tanto para ti como para ellas. También tienes que pensar si va a ser fácil limpiarlo.

Además de proporcionarles refugio, a las cabras también les gusta tener áreas específicas para dormir y jugar. Siéntete libre de incluir estructuras elevadas y plataformas construidas en las paredes. A las cabras les encanta saltar a estas estructuras para dormir, y también serán buenos lugares para jugar. También tienes que asegurarte de darles acceso a áreas de ejercicio que estén conectadas directamente con los pesebres para que puedan entrar y salir a su antojo.

El tipo de piso que elijas para tu establo es muy importante. Si usas un piso tradicional de madera, es probable que mantenga el olor a orina y finalmente se pudrirá. Los pisos de cemento son fáciles de mantener pero también pueden ser fríos y húmedos. Tal vez el mejor tipo de piso para un establo de cabras pigmeas sea una base de grava cubierta de una gruesa capa de arcilla. Las pezuñas de las cabras compactarán la arcilla, haciéndola fácil de barrer y cualquier humedad se filtrará a través de la arcilla a la capa de grava.

Otra cosa a tener en cuenta para el cuidado de las cabras es proporcionarles abundante agua fresca. Es muy importante que las cabras estén hidratadas, pero ten en cuenta que si el agua no es fresca, es poco probable que la beban. No cedas a la tentación de ahorrar dinero comprando materiales baratos para las cercas o construcciones. Recuerda que las cercas y el refugio que les proporciones a tus cabras hacen más que mantenerlas adentro, también sirven para alejar a los predadores peligrosos.

Resumen de cuidado y necesidades

Espacio: por lo menos 15 a 20 pies cuadrados por cabra (checa tus requisitos locales para/licencias).
Refugio: establo cerrado en climas nórdicos, cobertizo en climas meridionales.
Pisos: base de grava cubierta por capa espesa de arcilla.
Extras: plataformas elevadas para comer y dormir.

2.) Cría de cabras pigmeas

La cría de las cabras pigmeas es bastante fácil porque estas criaturas son naturalmente precoces reproductoras. En condiciones normales, las chivas tendrán entre 1 y 4 cabritos cada 9 a 12 meses, después de un periodo de gestación de 5 meses. Las chivas dedicadas a la cría se llaman niñeras y generalmente se cruzan por primera vez entre los 12 y los 18 meses de edad. Sin embargo, es posible que las niñeras conciban tan tempranamente como a los dos meses, así que es importante mantenerlas separadas de los cabritos machos desde el principio.

Los cabritos generalmente pesan entre 900 g y 1,80 kg al nacer y pueden brincar y correr a las cuatro horas de haber nacido. Los cabritos recién nacidos empiezan a mamar inmediatamente y a comer alimentos fibrosos y cereales en una semana. Generalmente se desteta a los cabritos a las 12 semanas (3 meses) y se los considera maduros después de 8 a 12 meses. Las cabras pigmeas tienen un comportamiento sexual poliestrual, lo que significa que las hembras tienen celos y se las puede destinar a la producción de leche todo el año. Se puede hacer que las que se tienen principalmente para ordeñe proporcionen leche continuamente cruzando en forma alternada a dos chivas.

a.) Guía para la cría de cabras pigmeas

La cría de cabras pigmeas puede ser una experiencia muy gratificante y por lo general no es difícil. Las cabras pigmeas crían durante todo el año, por lo que pueden producir cabritos dos veces al año. Siempre y cuando esperes para cruzar a tus cabras hasta que tengan la edad adecuada, no deberías tener problemas para alentarlas a aceptar a un macho.

Ten en cuenta que no es aconsejable alojar a los machos y a las hembras juntos después de los dos meses de edad, a menos que los machos hayan sido castrados. Si pretendes tener uno o más machos intactos, es mejor tenerlos totalmente separados de las hembras. A menos que tengas la intención de cruzar regularmente a tus cabras, quizá prefieras usar un semental de tu área antes que tener un macho intacto.

Es mejor esperar a que tus chivas tengan una edad entre 15 y 18 meses antes de cruzarlas. Antes de cruzarlas, es aconsejable mojarlas con un antihelmíntico (solución desparasitante) y otra vez después de parir. Durante los primeros 3 ½ meses de gestación, se les debe ofrecer la misma dieta de siempre. Si no las alimentas individualmente y prefieres un estilo de alimentación comunitario, asegúrate de que tu cabra preñada reciba su parte de la comida.

Después de los 3 ½ meses, quizá quieras considerar separar a tus chivas preñadas en corrales individuales. También necesitarás aumentar lentamente sus raciones de alimento concentrado hasta cerca de doble de la cantidad habitual. Un mes antes del parto, vacuna a las chivas contra tétanos y enterotoxemia - esto proporcionará protección a los cabritos hasta que tengan la edad suficiente para recibir las vacunas. A medida que se acerca la fecha de parto, limpia el corral y eleva el balde de agua del piso para evitar que los recién nacidos se caigan adentro y se ahoguen.

Unos 10 días antes de la fecha de parto, empieza a controlarla con regularidad para detectar los signos de parto. Fíjate si las ubres se están llenando con leche y las tetillas se ven brillosas. También se pueden aflojar los músculos a ambos lados de la columna vertebral en la grupa y la cabra puede comenzar a mover con las patas el heno de su cama en el corral. También es importante mantener una dieta sana en esta etapa porque tu cabra va a necesitar energía en el proceso del parto.

Cuando tu cabra esté lista para parir, el cuello uterino se dilatará y expulsará un tapón de mucosidad espesa. Cuando empiece a sentir las contracciones, su cuerpo se endurece y puede estirar o hundir la espalda. Cuando la cría entra en el canal de parto, la chiva se tensa durante las contracciones —algunas están de pie durante este proceso, pero muchas prefieren echarse. Mientras la chiva sigue esforzándose, verás salir una bolsa de agua (el saco amniótico) del canal de parto, con el cabrito adentro.

Una vez que nació el cabrito, puede que tengas que romper el saco amniótico si no se rompe solo. Luego tendrás que checar la nariz y boca del recién nacido para asegurarte que esté libre de mucosidad y pueda respirar. Después de cortar el cordón umbilical, rocíalo para prevenir la infección y dale tiempo a la chiva para vincularse con su cría. Cuando lo haya hecho, limpia y seca al cabrito con toallas viejas.

Después que el cabrito haya nacido y esté limpio, cambia el heno de la cama en el corral de tu cabra y ponle agua fresca. Asegúrate de que el cabrito haya encontrado la ubre y haya empezado a mamar. Ten en cuenta que pueden pasar varias horas después del parto hasta que sale la placenta— no apresures este proceso y retira la placenta apenas salga.

b) Substituto de leche para cabras pigmeas

En caso de que no tengas una hembra lactante, puede ser que necesites preparar algún sustituto de leche. Esta fórmula puede utilizarse para complementar la dieta de los cabritos o puede actuar como un sustituto de leche si han quedado huérfanos. Cuando uses el substituto de leche, solo dales a los cabritos aproximadamente 1 onza por cada ¼ libra de peso corporal. Divide la alimentación en tres o cuatro comidas y aumenta la cantidad a medida que crezcan.

Receta de sustituto de leche:

2 tazas de leche de cabra pasteurizada
½ taza de crema espesa

** Coloca los ingredientes en una botella y agita bien para mezclarlos. Puedes calentar un poco la leche para hacerla más apetitosa para los cabritos.

31

c.) Los machos cabríos

Si no planeas criar a tus cabras, deberías considerar seriamente si realmente quieres mantener machos cabríos. Los machos cabríos intactos son conocidos por tener un olor penetrante y por ser muy temperamentales. Si no estás preparado para esto, es posible que tengas problemas con tus cabras. Si planeas tener machos cabríos, piensa en hacerlos castrar para evitar estos problemas. En caso de que decidas criar tus cabras, pregunta en tu área si hay sementales disponibles localmente para la cruza. Esa es una alternativa mucho mejor que tener un semental, a menos que tengas establecido un programa de cría muy activo.

d.) Resumen de cría de cabras pigmeas

Periodo de gestación: 145 a 155 días (aprox. 5 meses)
Ciclo de celo (Estro): 18 a 24 días
Duración del celo: 12 a 48 horas
Edad de destete: 8 a 10 semanas
Madurez sexual (machos): 10 a 12 semanas
Inicio del celo (hembras): 3 a 12 meses

3.) Alimentación de las cabras pigmeas

Las cabras pigmeas son animales rumiantes, lo que significa que sus estómagos tienen cuatro compartimientos: el rumen, retículo, omaso y abomaso. El rumen es el compartimiento que contiene los microorganismos que trabajan para fermentar la que ingiere. Al comer alimentos ricos en fibra como el heno u otras plantas, les agregan saliva y los tragan. Más tarde, el material es regurgitado y masticado por segunda vez - este proceso se llama rumia.

Las cabras recién nacidas utilizan principalmente el compartimiento abomaso del estómago - la parte que corresponde al estómago humano. Los cabritos empiezan a mamar inmediatamente después del nacimiento y la leche va directamente al abomaso. Después de aproximadamente una semana, los empiezan a comer y el rumen empieza a desarrollarse. Sin embargo, el desarrollo completo del rumen puede demorar unas 8 a 10 semanas. Antes del desarrollo completo del rumen, los cabritos funcionan igual que los animales que tienen un solo estómago.

Las cabras pigmeas son animales de pastoreo — tienden a buscar comida y comen varias plantas, hierbas y arbustos. Las cabras suelen preferir las plantas latifoliadas (de hojas anchas) y malezas como dientes de león y tréboles, pero también comen hierbas salvajes. En cuanto al heno, tienden a preferir el de legumbres (como el de alfalfa o trébol) antes que el de pasto.

Durante los meses del verano, las cabras pigmeas que se tienen como mascota y no para ordeñe intensivo, no necesitan más que el pastoreo. Las chivas que se usan para producción de leche y las jóvenes, sin embargo, necesitan alimento suplementario para tener energía. Los cereales como la avena, maíz y cebada son buenas fuentes de energía para las cabras y no hay que molerlos antes de alimentarlas. La mayoría de las cabras prefieren cereales en hojuelas antes que molidos y generalmente se recomiendan para las cabras jóvenes, para que aprendan a masticar cereal adecuadamente a una edad más temprana.

El agua limpia y fresca también es una necesidad para tener las cabras pigmeas. Además de agua fresca, también necesitan algunos nutrientes para que su cuerpo pueda realizar las funciones necesarias. Algunos de los nutrientes más importantes para las cabras pigmeas son las proteínas, carbohidratos, grasas, vitaminas y minerales. Las necesidades de proteínas se pueden cubrir con el heno de alfalfa y trébol, o con harina de soya. Es importante tener en cuenta que las cabras jóvenes y las preñadas necesitan más proteínas que las demás.

Los carbohidratos y las grasas les proporcionan energía. Estos nutrientes provienen generalmente de los cereales enteros en hojuelas, como los mencionados antes. Debes tener cuidado al alimentarlas con subproductos molidos, porque pueden tener contenido más bajo de grasa y carbohidratos que los cereales enteros. Como con las proteínas, las cabras jóvenes y las chivas preñadas o lactando tienen requerimientos más altos de energía, que se cubren con los cereales enteros.

Algunas de las vitaminas más importantes para las cabras pigmeas son la A y la D. La vitamina A es esencial para mantener piel y órganos sanos. Esta vitamina se encuentra en el heno verde con hojas y en el maíz amarillo. Estos contienen caroteno, una sustancia que el cuerpo convierte en vitamina A. La vitamina D es esencial para el adecuado uso del fósforo y calcio para construir y reparar los huesos. Con el clima cálido, las cabras reciben la vitamina D necesaria del sol natural. Sin embargo, en el invierno, puede ser necesario proporcionar heno curado al sol.

Los minerales más necesarios son el calcio, fósforo, yodo y selenio. Alimentarlas con heno de alfalfa es una excelente manera de proporcionarles calcio, y los cereales enteros son una buena fuente de fósforo. Aunque el calcio y el fósforo son los más importantes, puede ser beneficioso complementar las dietas de las cabras con yodo y selenio. Se sabe que el selenio previene la enfermedad del músculo blanco y el yodo se puede proporcionar ofreciéndoles sal yodada.

a.) Suplementos de vitaminas y minerales

Además de proporcionarles a tus cabras una dieta equilibrada de hierbas, heno y cereales, quizá quieras considerar darles algunos suplementos de vitaminas y minerales. Las necesidades de vitaminas y minerales de tus cabras pueden variar según la región en que vivas, así que asegúrate de consultar con un veterinario local. Esto se debe a que el tipo de alimentos disponibles puede ser diferente según la región, y eso influye en la necesidad de proporcionar suplementos.

Los criadores y los que producen cabras pigmeas para exhibiciones son los que usan más comúnmente los suplementos. Hay mucha presión para criar cabritos bien desarrollados que crezcan rápidamente. Muchos criadores usan suplementos de vitaminas y minerales con diferentes grados de éxito, pero esto es algo que cualquier dueño de cabras no tiene que tomar a la ligera. La suplementación puede ser complicada para las cabras pigmeas y, a menos que entiendas cómo hacerlo correctamente, en realidad podrías terminar perjudicándolas.

Las cabras pigmeas con una dieta bien equilibrada no necesitan mucha suplementación . Pueden beneficiarse de la adición de sales con trazas minerales a su dieta, así como nutrientes que falten en tu país o región específica. Es importante destacar que los suplementos diseñados para otro tipo de ganado como vacas y caballos no deben usarse para las cabras pigmeas. Las cabras pigmeas tienen una tolerancia al cobre mucho más baja que el resto del ganado y los suplementos para ganado contienen más cobre del que pueden manejar.

También es posible que tu cabra reciba sobredosis de ciertas vitaminas solubles en grasa como la A, D y E. El cuerpo puede almacenar estas vitaminas si se exceden los requerimientos, pero el almacenamiento prolongado y excesivo puede provocar toxicidad. Si decides suplementar la dieta de tus cabras, asegúrate de leer las advertencias del producto para darles solamente la cantidad que necesitan, porque incluso muy poca cantidad extra puede provocarles problemas de salud más adelante.

En la mayoría de los casos, no es necesaria la suplementación. Si dejas que tus cabritos mamen de 10 a 12 semanas y les ofreces una dieta saludable, no necesitan suplementación para crecer adecuadamente. Si les suplementas demasiado la dieta, pueden terminar con problemas de salud más tarde en su vida.

b.) Resumen de Alimentación

Tipo de estómago: cuatro compartimientos: rumen, retículo, omaso y abomaso
Empiezan a mamar: inmediatamente después del nacimiento
Totalmente destetados: 8 a 10 semanas
Método de alimentación: pastoreo/forrajeo
Alimentos preferidos: plantas hoja ancha, hierbas, heno de legumbres
Proteínas: heno de alfalfa y trébol, harina de soya.
Carbohidratos: cereales enteros o en hojuelas.
Vitaminas: Vitamina A del heno de hoja y maíz amarillo, Vitamina D de la exposición al sol.

Minerales: calcio (cereales enteros), fósforo (alfalfa, heno), yodo (sal yodada) y selenio.

4.) Construcción de un área de juego para las cabras pigmeas

Tener cabras pigmeas como mascotas puede ser una experiencia agradable y gratificante. Puede ser muy entretenido observar a estos animales, sobre todo si les proporcionas un área de juego. El área de juego no necesariamente tiene que ser complicada ni cara; de hecho, es posible que puedas construirla usando materiales reciclados que tienes en la casa. Proporcionarles un área de juego las ayudará a mantenerse activas y a forjar vínculos con las otras cabras del rebaño.

Para construir un área de juego, lo único que tienes que hacer es reunir una cantidad de objetos para que tus cabras pueden subirse, saltar o brincarlos. Por ejemplo, podrías crear un laberinto de neumáticos verticales o disponer tocones de distintos tamaños en una línea para que puedan saltar de uno a otro. Sé creativo cuando diseñes el área de juego y no tengas miedo de cambiarla una vez que la hayan usado durante un tiempo y tengas una idea de lo que les gusta.

Además de pensar en el tipo de objetos para poner en el área de juego, también tendrás que pensar en su ubicación. Si tienes una gran zona cercada para que tus cabras deambulen, dedica una parte para crear la zona de juegos. También puedes cercar una parte separada de tu patio para usar como área de juego de los cabritos. La ubicación ideal para el área de juego es un lugar que reciba la luz del sol en la mañana pero tenga sombra de los árboles, o un refugio, en la tarde.

Objetos para usar en el área de juego:

- Llantas viejas
- Tocones y troncos
- Rampas de madera
- Maquinaria agrícola vieja
- Rocas grandes
- Montículos de tierra
- Balancín de madera

Las alternativas son interminables cuando se trata de construir un área de juego, así que no temas ser creativo.

Capítulo Seis: Mantener la salud de tus cabras pigmeas

Si planeas tener a tus cabras como mascota, es tu responsabilidad mantenerlas lo más saludables posible. Esto no solo incluye proporcionarles alimentación y refugio apropiados, sino que también tendrás que hacerlas vacunar y brindarles atención veterinaria. No importa lo cuidadoso que puedas ser, es probable que tus cabras estén expuestas a alguna enfermedad durante sus vidas. En esas ocasiones, es imprescindible que trates de identificar rápidamente la enfermedad y busques tratamiento.

Antes de llevar a casa a tus cabras pigmeas, es conveniente que te familiarices con los problemas de salud más comunes que suelen tener, para saber en qué fijarte. Si te preparas con conocimiento acerca de los problemas comunes de salud, vas a estar mejor equipado para enfrentarlos cuando surjan.

1.) Valores de salud normal de las cabras pigmeas

La clave para lograr que tus cabras pigmeas se mantengan saludables es saber lo suficiente sobre ellas como para darte cuenta cuando están enfermas. Aunque sin duda es importante aprender los signos y de las enfermedades comunes, realmente no puedes saber cuando están enfermas, a menos que sepas cómo son cuando están sanas.

Los siguientes son los valores normales de las cabras sanas:

Temperatura rectal - 102.5-104° F
Pulso - 60 a 80 latidos por minuto

Respiración - 15 a 30 respiraciones por minuto

Es importante señalar que los valores promedio pueden variar de una cabra a otra, pero cualquier valor dentro de los rangos mencionados puede considerarse normal. Si tu cabra está nerviosa, puede llegar a tener un ritmo más elevado de pulso o respiración. Si sospechas que ése es el caso, ten en cuenta las variables en tus mediciones.

Para medir la respiración de tu cabra, simplemente mira el movimiento de su caja torácica, contando la cantidad de respiraciones en un minuto. Para medirle el pulso, puede que tengas que usar un estetoscopio. Este método requiere que consigas ayuda para sostenerla mientras le tomas el pulso. Otra opción es sentir el pulso con tus dedos —coloca los dedos en el pecho, por encima del corazón.

Además de esos valores, es recomendable que te familiarices con los valores normales en las diferentes etapas de la vida. Algunas de las etapas claves incluyen la duración del ciclo estral y la gestación. También es útil saber la edad probable en la que pueden llegar a la pubertad.

Los siguientes son los calores normales de las cabras sanas:

Ciclo estral - 18 a 23 días
Estro - 12 a 36 horas
Gestación - 145 a 153 días
Pubertad - 4 a 12 meses de edad

La pubertad es la edad en la que las cabras son sexualmente maduras—para la mayoría esto sucede entre los 4 y los 12 meses. La madurez sexual significa que una chiva puede ser impregnada y un chivo puede impregnarla. Es posible que una chiva quede preñada a los dos meses de edad, así que es mejor separar a los dos sexos antes de que los cabritos tengan dos meses.

Las hembras entran en celo (llamado estro) cada 18 a 23 días en promedio. El intervalo en el que la chiva está en estro (lista para cruzarse con el chivo) generalmente dura entre 12 y 36 horas. Después del estro, la chiva generalmente ovula dentro de las 24 a 36 horas.

Si la chiva está impregnada, la gestación de la cría típicamente dura entre 145 y 153 días. Si el cabrito nace antes de los 145 días, es probable que sea prematuro y tenga una menor probabilidad de supervivencia. Es probable que los cabritos nacidos antes de los 139 días no sobrevivan más que algunas horas.

2.) Problemas comunes de salud

Enterotoxemia

La bacteria llamada *Clostridium perfringins* causa esta enfermedad. Esta bacteria reside naturalmente en el intestino de las cabras pigmeas, pero en ciertas condiciones puede reproducirse hasta niveles tóxicos. Hay varios tipos distintos de esta enfermedad y puede afectarlas en varias etapas de su vida. La de tipo C, denominada diarrea sanguinolenta, afecta generalmente a los cabritos durante las primeras semanas después del nacimiento. La aparición de la enfermedad generalmente sucede debido al aumento de la alimentación. La de tipo D, llamada enfermedad por sobrealimentación, afecta a los cabritos mayores de un mes de edad y a menudo se presenta después de un cambio repentino de alimentación. Generalmente, el tratamiento de esta enfermedad no es efectivo, pero la vacunación puede ayudar a prevenirla.

Causa: *Bacteria Clostridium perfringins*

Síntomas: pérdida de apetito, letargo, diarrea, dolor abdominal

Tratamiento: no es efectivo, se recomienda la vacunación

Tétanos

La bacteria llamada *Clostridium tetanis* causa esta enfermedad, que puede entrar al cuerpo a través de heridas abiertas o piel lesionada. Una vez que entra al cuerpo, la bacteria se disemina y se reproduce a niveles tóxicos. También llamado trismo, el tétanos típicamente causa espasmos musculares y puede provocar rigidez corporal. El tratamiento suele ser inefectivo y la condición a menudo es fatal —sin embargo, se puede prevenir con la vacunación.

Causa: Bacteria *Clostridium tetani*

Síntomas: espasmos musculares, marcha rígida, hinchazón, ansiedad, incapacidad de abrir la boca, salivación excesiva

Tratamiento: no es efectivo, se recomienda la vacunación

Rabia

Esta es más común en la fauna silvestre que en el ganado, pero se puede contagiar por la mordedura de un animal infectado. Aunque no hay una vacuna antirrábica diseñada específicamente para las cabras, se ha comprobado que la vacuna para ovejas es efectiva en muchos casos. Lamentablemente, después que la cabra fue mordida, la vacunación no tendrá efecto en la enfermedad. Puesto que el costo de las vacunas es alto y la enfermedad es bastante rara, depende del dueño decidir si las hace vacunar o no.

Causa: mordida de un animal infectado.

Síntomas: agresión, aprensión, hiperactividad, pérdida de apetito, salivación excesiva, espuma en la boca.

Tratamiento: no es efectivo, se recomienda la vacunación

Enfermedad de Johne

Esta es una enfermedad muy grave que afecta a varios rumiantes, incluyendo cabras, ovejas y vacas. La enfermedad de Johne está provocada por la *Mycobacterium avium subsp. pseudoparatuberculosis*, que puede sobrevivir en el suelo durante largos periodos. Por este motivo, a menudo hay un largo retraso entre el momento de la infección y la manifestación de los síntomas. Esta enfermedad tiende a extenderse rápidamente y pasa desapercibida, lo que puede resultar en la pérdida de todo el rebaño. Los cabritos son más susceptibles a esta enfermedad y pueden contagiársela de una chiva infectada. La mejor manera de prevenir esta enfermedad es aplicar sistemas de saneamiento adecuados y hacer análisis con regularidad al rebaño.

Causa: Bacteria *Mycobacterium avium* subsp. *pseudoparatuberculosis*

Síntomas: es posible que no aparezcan hasta las últimas etapas de la enfermedad; pérdida rápida de peso, diarrea, debilidad.

Tratamiento: limpieza y saneamiento adecuados, análisis regulares

Úlceras en la boca (ectima contagioso)

Un tipo de enfermedad viral de la piel, las úlceras en la boca también se llaman ectima contagioso. Hay una vacuna para esta enfermedad, pero la administración puede ser peligrosa. La vacuna para esta enfermedad es «viva», y le provoca lesiones al animal vacunado en el lugar donde la recibe. Estas llagas son muy contagiosas para los seres humanos, así que es importante que uses guantes durante la administración. A menos que las úlceras en la boca sean un problema en tu rebaño, es mejor no vacunarlo, porque la vacunación introduciría el virus. Si empiezas a dar la vacuna contra las úlceras en la boca, vas a tener que revacunar todos los años.

Causa: virus de la piel, se contagia por contacto

Síntomas: lesiones, pústulas, costras

Tratamiento: a menudo es inefectivo, se recomienda la vacunación

Dermatitis

En términos simples, dermatitis es una inflamación o irritación de la piel. La dermatitis puede tomar muchas formas en las cabras pigmeas y puede tener varias causas diferentes. En muchos casos, la dermatitis se presenta como una erupción pero también puede producir ampollas, descamación o costras. Hay siete diversas formas de dermatitis que afectan a las cabras: estafilococo, labial, interdigital, pustulosa, malasezzia, alopécica exfoliativa y herpetiforme.

La dermatitis puede ser causada por una serie de cosas, incluida la exposición a sustancias tóxicas, la inhalación de productos químicos o detergentes y sequedad de la piel. Las infecciones micóticas también pueden resultar en dermatitis, como la exposición a los alérgenos en alimentos o el heno. Comer ciertas plantas como las ortigas o azaleas expondría a la cabra a los ácaros que pueden causar dermatitis - las picaduras de mosquitos o avispas también pueden causar problemas de la piel. El tratamiento de la dermatitis varía dependiendo de la causa de la condición, pero se usa una serie de cremas y ungüentos, incluida la lanolina, vaselina, crema de betametasona y diazinón.

Causa: exposición a sustancias tóxicas, la inhalación de productos químicos o detergentes, sequedad de la piel, infecciones micóticas, exposición a alérgenos en alimento o heno, picaduras de insectos

Síntomas: erupción pruriginosa roja, hinchazón, forúnculos o pústulas, descamación de la piel, ampollas

Tratamiento: aplicación de cremas y ungüentos, incluida la lanolina, vaselina, crema de betametasona y diazinón.

Parásitos

Debido a su comportamiento de pastoreo, las cabras pigmeas son muy susceptibles al desarrollo de gusanos. Aunque todas las cabras tienen gusanos, los más perjudiciales son los coccidios y gusanos del estómago. El gusano del estómago más peligroso es el gusano «palo de barbería», *Haemonchus contortis*, que perfora las paredes del estómago, causando anemia y pérdida de sangre. Estos gusanos tienen un ciclo vital muy corto, lo que los hace muy difíciles de controlar - también se reproducen muy rápidamente y pueden entrar en hibernación si es necesario para su supervivencia. Otro tipo de gusano del estómago es el gusano marrón del estómago, *Ostertagia cicumctinca*, que también penetra en las paredes del estómago. Este gusano típicamente causa malestar estomacal y diarrea.

Los coccidios también son comunes en las cabras. Un tipo de protozoos unicelulares , los coccidios son conocidos por dañar el revestimiento del intestino delgado donde se realiza la absorción de nutrientes. Esto a menudo causa crecimiento atrofiado en los cabritos, y también pérdida de peso y diarrea crónica. Aunque los gusanos del a menudo se transmiten a través del pastoreo, los coccidios tienden a afectar a los rebaños que se encuentran en confinamiento - especialmente cuando el saneamiento es deficiente.

Cálculos urinarios

También conocidos como "barriga de agua", los cálculos urinarios son una enfermedad del tracto urinario bastante común en las cabras. Esta enfermedad es más común en los machos y puede impedir tanto la micción como la reproducción. Las hembras son menos propensas a contraer esta enfermedad porque sus uretras son más cortas y más rectas. La uretra más larga y menos recta de los machos cabríos hace más difícil el pasaje de partículas sólidas. Cuando las partículas sólidas se acumulan en la uretra, producen cálculos urinarios.

Esta condición a menudo es el resultado de una alimentación inadecuada. Si les das a tus cabras una proporción inadecuada de calcio y fósforo, puede producir acumulación de partículas sólidas en la orina. La relación ideal de calcio a fósforo en la dieta de una cabra pigmea es de 2 ½ a 1. La sobrealimentación de cereales concentrados también es una causa común de esta condición, igual que ciertos tipos de heno altos en fósforo y heno fertilizado con desperdicios de pollo.

La acumulación de partículas sólidas en la orina puede bloquear el flujo de orina. Como resultado, la cabra puede experimentar dolor o incomodidad en la micción - en casos extremos, esta condición también puede ser mortal. Esta condición no desaparecerá sola y rápidamente puede ser fatal si no se trata debidamente. Puede ser necesario corregir el problema quirúrgicamente, aunque el tratamiento con cloruro de amonio también puede ser efectivo. Es importante no darle demasiada agua a una cabra con esta condición, porque no podrá eliminarla.

Causa: acumulación de partículas sólidas en la uretra; a menudo, consecuencia de una alimentación inadecuada.

Síntomas: inquietud, ansiedad, esfuerzo para orinar, cuerpo hinchado, dolor o molestias en la micción

Tratamiento: la cirugía puede ser necesaria en casos extremos; el tratamiento con cloruro de amonio también puede ser efectivo.

Neumonía:

El término neumonía se utiliza para describir la inflamación o infección de los pulmones. Otras infecciones como bronquitis, traqueítis y laringitis se limitan generalmente a la parte superior de las vías respiratorias. La neumonía es una enfermedad muy grave y a menudo se debe a un mantenimiento deficiente. Factores ambientales como ventilación deficiente, condiciones de hacinamiento y suciedad contribuyen en gran medida al riesgo de neumonía.

Otros factores que contribuyen a la neumonía en las cabras incluyen parásitos pulmonares, estrés, aspiración de materiales tóxicos y exposición al virus. Los parásitos pulmonares no pueden causar neumonía directamente, pero pueden dañar el tejido pulmonar, lo que deja a la cabra más susceptible a la infección secundaria. El estrés también puede disminuir la resistencia a la enfermedad - esto es particularmente común en las cabras de exhibición que están expuestas al estrés del viaje y la exhibición. La aspiración de sustancias tóxicas también pueden provocar infecciones respiratorias.

Aparte de estos factores, algunas especies de virus, bacterias u hongos también pueden ser un agente de infección con neumonía. Algunas de las bacterias más comúnmente responsables de la neumonía son la Pasteurella y Corynebacterium. A menudo, la infección se propaga por el aire y tiende a propagarse más rápidamente en condiciones de hacinamiento y cuando entran nuevos animales a un rebaño existente.

Algunos de los síntomas más comunes de neumonía incluyen dificultad para respirar, respiración rápida, ruido en el pecho, intolerancia al ejercicio y secreción nasal. Las cabras que padecen neumonía eventualmente pueden perder peso y, en casos extremos, también pueden morir. En las etapas iniciales de la enfermedad, puede haber fiebre pero la temperatura del animal generalmente es normal en el transcurso de la enfermedad. Algunas cabras desarrollan una tos crónica, pero esto suele ser un signo de infecciones bronquiales o laríngeas.

El tratamiento para la neumonía consiste en identificar la causa subyacente de la infección y proporcionar un remedio. En el caso de los parásitos pulmonares, tu veterinario puede hacer un análisis fecal o un cultivo de la secreción nasal. Es importante aislar a las cabras que padecen neumonía para prevenir el contagio de la enfermedad. También es importante realizar los procedimientos de vacunación y saneamiento adecuados para prevenir la enfermedad.

Causa: puede ser causada por virus, bacterias u hongos; también puede ser el resultado de una inmunidad debilitada debido al hacinamiento, mala ventilación o estrés.

Síntomas: dificultad para respirar, respiración rápida, tos crónica, ruido en el pecho, fiebre, intolerancia al ejercicio y secreción nasal.

Tratamiento: identificación y solución de la causa subyacente de la infección

3.) Tratamiento de la enfermedad

Para el tratamiento de la enfermedad de tus cabras pigmeas siempre es aconsejable buscar el asesoramiento de un médico veterinario. Tu veterinario podrá ayudarte identificando bien la enfermedad y también te recomendará el tratamiento adecuado. Si hace falta medicación es posible que se use uno de tres tipos de inyección:

Intramuscular (IM): Este tipo de inyección se da típicamente en el músculo del cuello detrás de la cabeza y se debe inyectar lentamente. Puesto que estas inyecciones pueden causar daño muscular, nunca se deben dar en el lomo ni las patas.

Intravenosa (IV) Estas inyecciones se administran directamente en la vena y se suelen usar cuando es necesario que el medicamento entre directamente en el torrente sanguíneo para facilitar una respuesta rápida.

Subcutánea (SC): Este tipo de inyección se da bajo la piel, generalmente detrás del punto del hombro. Para dar una inyección subcutánea, tienes que hacer una "carpa" con la piel pellizcándola y separándola suavemente de los músculos. Entonces se puede insertar la aguja y la medicación se inyecta en el bolsillo debajo de la piel. Estas inyecciones son más eficaces cuando se administran lentamente.

Medicamentos orales: El proceso de administrar medicamentos por vía oral a las cabras también se llama afusión. Los medicamentos antiparasitarios deben darse siempre por vía oral, incluso cuando haya un producto inyectable. Para administrar medicamentos por vía oral, necesitarás una pistola de afusión - hay para dosis individuales y múltiples. Para utilizar una pistola de afusión, inserta la punta en la comisura de los labios de la cabra mientras la sostienes suavemente. Empuje el émbolo de la pistola lentamente para que la medicación pase por encima de la lengua de la cabra. Cuando la haya tragado, puedes retirar la pistola y liberar a la cabra.

4.) Vacunas

Además de familiarizarte con los problemas de salud comunes que afectan a las cabras pigmeas, también debes tener en cuenta que requieren algunas vacunas. Todas tus cabras deben estar vacunadas contra enfermedades clostridiales (particularmente la enterotoxemia) y el tétanos. También deberías considerar vacunar para úlceras en la boca, lymphadentitis caseosa y rabia - estas vacunas sólo son necesarias en casos donde se haya diagnosticado la condición o el riesgo se considere alto. Ten mucho cuidado al administrar las vacunas porque ciertas vacunas vivas conllevan el riesgo de transmitir la enfermedad a los seres humanos.

No es necesario que el veterinario administre las vacunas.
Mientras aprendas la adecuada administración de las vacunas,
generalmente puedes comprarlas en las tiendas de alimentación y
semillas o por catálogos. Las inyecciones de selenio y las vacunas
contra la rabia, sin embargo, deben comprarse o ser administradas
por un médico veterinario.

El propósito de administrar las vacunas es estimular el sistema
inmunológico de tus cabras para que produzca anticuerpos que la
protegerán contra la enfermedad. La propia vacuna no protegerá a
tus cabras contra la enfermedad y no hay ninguna vacuna
garantizada 100%. Después de la exposición a la vacuna, el
sistema inmune de una cabra sana producirá anticuerpos contra la
enfermedad durante un período de 4 semanas. Después de ese
tiempo, los anticuerpos generalmente proporcionan protección a
largo plazo pero algunas vacunas requieren repetirse
ocasionalmente.

Cuando nacen los cabritos, su sistema inmune generalmente es
inexistente, reciben sus primeros anticuerpos de la leche de su
madre. A las 10 semanas de edad, el sistema inmunológico del
cabrito comenzará a desarrollarse y es el mejor momento para
empezar la vacunación. Las vacunas administradas antes de este
tiempo han demostrado producir escasos resultados medibles.

Resumen de vacunas recomendadas:

Edad mínima - 10 a 12 semanas
Administración - las vacunas no necesitan ser administradas por
un veterinario (excepto las vacunas antirrábicas y las inyecciones
de selenio)

Vacunas recomendadas: contra enfermedades clostridiales (particularmente la enterotoxemia) y el tétanos.

Vacunas opcionales - úlceras en la boca, lymphadentitis caseosa y rabia

Periodo de protección - la protección está en su nivel más alto aproximadamente 4 semanas después de la exposición a la vacuna

5.) Botiquín de primeros auxilios

Si planeas tener cabras pigmeas como mascotas, tienes que tomarte el tiempo para aprovisionar un botiquín de primeros auxilios. Durante el transcurso de sus vidas, probablemente estarán expuestas a lesiones menores. Estas lesiones pueden ocurrir durante el juego rudo, o simplemente ser accidentes de la vida cotidiana. Como la atención veterinaria puede ser cara, sería conveniente que te familiarices con lo básico de los primeros auxilios y que tengas un botiquín bien provisto.

Elementos recomendados:

- Ungüento antibacterial
- Polvo antibiótico
- Aspirinas
- Gasas y vendas
- Epinefrina
- Leche de magnesia
- Inyecciones de penicilina
- Antitoxina tetánica
- Lavado ocular estéril

a.) Tratamiento de lesiones comunes

Las cabras pigmeas tienden a ser un poco traviesas y no es raro que puedan sufrir heridas leves cuando juegan. Si tienes a mano un botiquín de primeros auxilios y estás familiarizado con el método adecuado para tratar estas lesiones, puedes ahorrarte mucho dinero en atención veterinaria, especialmente si tienes muchas cabras.

Cortaduras o abrasiones

Las cortaduras y abrasiones son bastante comunes en las cabras pigmeas y, en muchos casos, son leves. Si la cortadura es muy superficial y hay poco sangrado, lo único que tienes que hacer es limpiarla, aplicar un ungüento antibiótico y cubrir la herida. Las cortaduras más profundas, que abren la piel y tienen los bordes separados, es posible que tengas que suturarlas. Si no estás calificado para dar este tipo de atención, puedes limpiar la herida, aplicar ungüento antibiótico y vendarla hasta que puedas llevar a la cabra al veterinario. Las heridas muy graves o con sangrado a chorros deben ser tratadas por un médico veterinario inmediatamente.

Otra lesión común con cortes o abrasiones pequeñas puede ocurrir cuando le recortas las pezuñas. Si las recortas demasiado, podrías cortar el nervio, lo que produce un profuso sangrado. En muchos casos, el sangrado se detiene solo pero si la cortadura es profunda, podrías tener que envolverla y aplicar presión para detenerlo. Estas heridas por lo general no se infectan, pero si la cortadura es muy profunda, tal vez quieras administrar una inyección de penicilina, por precaución.

Lesiones en los ojos

Es importante tratar rápidamente las lesiones y anormalidades en los ojos porque aun un pequeño problema puede agravarse. Las cabras pigmeas pueden tener lesiones o irritación en los ojos si se les alojan hierbas o paja debajo del párpado. Si no se tratan rápido, esto puede producir laceraciones en la córnea y posiblemente pérdida de la visión. Los síntomas comunes de este problema incluyen entrecerrar los ojos y excesivo lagrimeo, así como cierre del ojo y acumulación de pus. Para este tipo de lesión, lava el ojo de la cabra con lavaojos estéril y retira con cuidado el cuerpo extraño. También tienes que tratar el ojo con ungüento antibiótico durante varios días.

Lesiones en las patas

Si notas que una de tus cabras cojea, lo más probable es que se deba a algún tipo de lesión. Cojear es una señal de que la extremidad está causándole dolor, así que tienes que examinarla para detectar inflamación y heridas. SI puedes localizar una herida, trátala con una dosis de penicilina y vuelve a revisar la herida 12 horas después. En el caso de un músculo estirado, trata a la cabra con aspirina con una dosis de 5 gramos por 60 libras de peso corporal y examínala después de 24 horas. En caso de que la cabra no pueda mover la pierna ni soportar ningún peso, es posible que se tenga una fractura. Este tipo de lesión debe ser tratada por un médico veterinario y debe ser inmovilizada hasta que la vea el veterinario.

Problemas digestivos

El signo más revelador de problemas digestivos es un cambio en las heces. Las heces típicamente son expulsadas en forma de gránulos que van desde 0.5 a 1.5 cm de diámetro. Las heces acuosas o como de perro pueden ser una indicación de diarrea o una grave complicación digestiva. En cabras adultas, las heces acuosas pueden ser una indicación de parasitismo, enterotoxemia o enfermedad de Johne. Un buen producto para tratar la diarrea son las sulfas orales - este es un tratamiento común para las infecciones intestinales bacterianas y coccidiosis. Si, después de tratar la condición, tu cabra pigmea no muestra signos de mejora, es mejor buscar atención veterinaria para determinar la causa de los malestares digestivos.

b.) Resumen de primeros auxilios

Elementos recomendados - Ungüento antibacterial, aspirinas, gasa, epinefrina, penicilina, lavado ocular estéril
Cortaduras y abrasiones - Limpia la cortadura y aplica antibiótico y un vendaje de gasa; las cortaduras más profundas pueden necesitar sutura e inyección de penicilina para prevenir la infección.
Lesiones en los ojos - Los síntomas los incluyen lagrimeo, cierre de ojos, entrecerrar los ojos, acumulación de pus; a menudo causadas por cuerpos extraños debajo del párpado; enjuagar con lavado ocular estéril y tratar con ungüento antibiótico después de retirar el cuerpo extraño.
Lesiones en las patas - Examina las patas para detectar heridas o inflamación; trata las heridas con penicilina y la inflamación con aspirina; vuelve a examinar la pata después de 12 a 24 horas.
Problemas digestivos - pueden ser causados por parasitosis, enterotoxemia o enfermedad de Johne; se identifican por cambios en las heces y se tratan con sulfas orales.

6.) Limpiar lo que ensucian tus cabras pigmeas

Las cabras pigmeas son animales bastante limpios por naturaleza, así que la limpieza no es una gran preocupación. Si puedes mantenerlas en el pasto, solo tendrás que preocuparte por limpiar el establo. Como son animales limpios, no suelen revolcarse en el lodo ni dormir en camas sucias. Por eso, tendrás que tener una gran provisión de heno fresco a mano para cambiar las camas en los pesebres.

Si no tienes área de pastoreo, puedes usar cercas para evitar que deambulen en áreas donde no quieras que dejen excrementos. Para mantener la limpieza del corral de ejercicio, también puedes pensar en dejarlas dentro del establo por la noche. En áreas donde el clima es muy caluroso, asegúrate de que tu establo tenga excelente ventilación para que no sufran golpe de calor cuando se quedan adentro durante periodos prolongados.

7.) Plantas/sustancias venenosas

Ya sea que tengas a tus cabras en un área cerrada o en una de pastoreo, es importante asegurarte de que no entren en contacto con plantas ni sustancias venenosas. Las cabras no pueden diferenciar las plantas que son seguras para comer de las que no lo son, así que es tu responsabilidad protegerlas. Si tu cabra se envenena, es esencial la inmediata atención veterinaria. En casos extremos ocurre la muerte a pesar del tratamiento, pero brindarle atención veterinaria inmediata aumentará las probabilidades de recuperación.

Es importante destacar que las cabras bien alimentadas son menos susceptibles al veneno. Si mantienes bien alimentadas a tus cabras con alimentos saludables, es menos probable que forrajeen y coman plantas venenosas. Cuando tienen hambre, es posible que sean menos escrupulosas con lo que comen y también pueden tener menor resistencia al veneno. La mejor medida preventiva que puedes tomar contra el envenenamiento es mantenerlas bien alimentadas.

Las siguientes plantas se consideran venenosas para las cabras pigmeas:

Aguacate	Lilas
Azalea	Lirio del Valle
Boj	Lupino
Yuca	Algodoncillo
Cerezas	Acónito
Datura	Laurel de montaña
Hierba lombriguera falsa	Solanáceas
Fuchsia	Adelfa
Acebo	Arces rojos
Pieris japonés	Rododendro
Tejo japonés	Ruibarbo
Espuela de caballero	Cereza silvestre

Además de las plantas, debes saber que hay ciertas sustancias que pueden ser venenosas para las cabras. Fertilizantes, herbicidas y otros productos químicos son extremadamente tóxicos para las cabras y deben mantenerse fuera del alcance. Las siguientes sustancias deben considerarse tóxicas para las cabras pigmeas:

- Fertilizantes
- Gasolina
- Herbicidas
- Insecticidas
- Pintura con plomo
- Veneno para roedores
- Productos de limpieza

Para mantenerlas seguras, es conveniente que te familiarices con los síntomas de envenenamiento. Estos síntomas son de distinta gravedad, según la cantidad ingerida de la sustancia. Recuerda que cuando antes se diagnostique y se trate el envenenamiento, más probable será la recuperación.

Síntomas comunes de envenenamiento incluyen:

Distensión abdominal	Espuma en la boca
Cólicos	Hiperactividad
Coma	Cojera
Estreñimiento	Respiración dificultosa
Convulsiones	Espasmos musculares
Muerte	Pulso acelerado
Dermatitis	Debilidad muscular
Diarrea	Salivación excesiva
Pupilas dilatadas	Tambalearse
Fiebre	Vómitos
Sensibilidad a la Luz	Pulso débil

Si sospechas que tus cabras pigmeas se han envenenado, debes tomar las siguientes medidas inmediatamente:

1. Tomar medidas para evitar mayor exposición a la toxina.
2. Aislar a la cabra afectada.
3. Darle abundante agua fresca y evitar estresarla.
4. Consulta el envase del presunto material tóxico para confirmar el diagnóstico de envenenamiento.
5. Llamar inmediatamente al veterinario para el tratamiento.

Las siguientes plantas son seguras para las cabras pigmeas:

Bellotas

Altea

Manzanas

Bambú

Plátano

Frijoles

Betabel

Zarzamoras

Zarzas

Brócoli

Cantalupo

Col rizada

Hierba gatera

Zanahorias

Apio

Trébol

Cáscara de elote

Álamo americano

Cítricos

Toronja

Ajo

Jengibre

Ficus

Habas

Olmo
Diente de león
Helechos
Heno
Hibisco
Madreselva
Hiedra
Olmo japonés
Jojoba
Hojas de mango
Kudzu
Mesquite
Menta
Laurel de montaña
Enredadera con flores
Musgo
Mostaza
Ortigas
Chícharos
Cebolla
Pimientos
Granadas
Calabaza
Papas
Plantas de frambuesa
Girasol
Nabos
Milenrama
Cinco hojas de hiedra
Sandía
Judío errante
Sauce llorón
Rosa silvestre

Capítulo Siete: Exhibición de las cabras pigmeas

La exhibición de cabras pigmeas puede ser una experiencia muy gratificante, pero también un desafío. Como sucede con las exposiciones de perros, las de cabras requieren que cumplan con ciertos estándares de conformación. Muchos criadores crían a sus cabras para lograr estos estándares, mejorando así sus posibilidades de ganar una exhibición.

Si estás interesado en exhibir tus cabras, pero no tienes experiencia en el área, empieza asistiendo a algunas exhibiciones agrícolas, donde es probable encontrar una variedad de ganado incluyendo de cabras pigmeas. Hay algunas cosas generales que debes hacer o buscar cuando prepares a tu cabra pigmea para exhibición.

Esta lista incluye:

1. Comprobar que la cabra no presenta ningún defecto que la descalifique.
2. Enseñarle a caminar en una pista y a quedarse quieta.
3. Acostumbrarla a que la toquen y le abran la boca para inspeccionarla.
4. Cepillarla a diario durante varias semanas antes de la exhibición.
5. Recortarle las pezuñas y bañarla dos días antes de la exhibición.
6. Frotarle los cuernos y las pezuñas con aceite para darles brillo.
7. Reunir los suministros que necesitas llevar contigo al espectáculo: cubo de agua, heno, cepillo, collar y correa.

61

8. Revisar las normas y las instrucciones de la exhibición y seguir las instrucciones del juez o administrador.

1.) Estándar de la raza de cabra pigmea

Si pretendes seriamente exhibir a tus cabras, tendrás que tener un excelente conocimiento del estándar de la raza. El estándar de raza proporciona pautas de tamaño, color, pelaje y composición de cabras pigmeas machos y hembras. Hay categorías separadas para los machos, hembras y capones y cada categoría tiene una cantidad de defectos identificados que descalifican.

Estándar básico de la raza

Tamaño

- Las hembras deben exhibir un tamaño mínimo de 17 "a la cruz y un tamaño máximo de 21"
- Los machos deben exhibir un tamaño mínimo de 17 "a la cruz y un tamaño máximo de 22"
- Longitud de la caña (medida desde la rodilla y la articulación del hueso cañón) debe tener un mínimo de 3 ½ "y un máximo de 4 ½"

Composición

- La cabeza debe ser mediana con un perfil recto o cóncavo
- El hocico debe ser redondeado con una barbilla robusta
- La frente debe ser amplia y plana a ligeramente cóncava
- Los ojos deben ser separados, de color brillante y oscuro
- Las orejas deben ser medianas y firmes pero móviles

- El cuerpo debe ser grande en proporción al tamaño del animal
- El pecho debe ser amplio y profundo, aumentando en anchura hacia el flanco, pero manteniendo la simetría
- La espalda debe ser fuerte y lateralmente recta, en pendiente desde la cruz al lomo
- La grupa debe tener una pendiente gradual con una cola pronunciada y alta
- Las caderas deben anchas y nivelado con la espalda
- Las patas deben ser fuertes y musculosas
- Las patas delanteras deben ser cortas y rectas, en ángulo recto con los codos cerca de las costillas
- Las patas traseras deben ser rectas y bien separadas

Pelaje:

- Las cabras pigmeas deben tener un pelaje espeso de pelos largos
- El pelaje puede variar en longitud y densidad
- Las hembras pueden exhibir una barba rala o no tenerla - no deben exhibir la barba recortada
- Los machos deben exhibir una barba larga y completa con una melena sobre los hombros

Color

- Todos los colores y marcas son aceptables con la excepción de «rayas suizas» en la cara

Estándares específicos por sexo

- Las hembras deben exhibir una ubre firme, redondeada, con tetas simétricamente colocadas
- Los machos deben exhibir cuernos más largos, más sustanciales que las hembras, aunque el desbrote es permisible
- Los machos deben exhibir dos testículos de tamaño adecuado en un escroto saludable
- Los capones deben exhibir un crecimiento de los cuernos ligeramente inferior a los de machos intactos y no desarrollar la misma melena como capa

Defectos descalificatorios

- Defectos de la boca y la mandíbula (prognatismo mandibular)
- Defectos en las tetas de machos o hembras
- Genéticamente sin cuernos (mochos)
- Nariz romana o las orejas pendulares
- Incumplimiento de estándares de tamaño
- En machos, testículos de tamaño incorrecto o bajos
- Tetas supernumerarias eliminadas

Las cabras que exhiben ciertos defectos descalificatorios aún pueden ser registradas en el registro de mascotas, aunque no en el registro de ganado. Este registro está abierto a las hembras y capones nacidos de padres no registrados, así como a los que exhiben defectos de boca, tetas o tamaño.

2.) Puntuación para exhibiciones de cabra enana

Cuando inscribas a tu cabra pigmea en una exhibición, será juzgada según su conformidad con una serie de categorías. Se usan diferentes calificaciones para chivas, chivos y capones, cada una de 100 puntos. También hay un sistema de puntuación de 100 puntos utilizado para el espectáculo - se utiliza para evaluar la habilidad del expositor y se califica por separado.

a.) Puntuación para exhibiciones de cabra enana

Aspecto general (Chiva 14 pts, Chivo 14 pts)
- Las medidas corporales cumplen el estándar del grupo de edad
- Genéticamente con cuernos
- Aspecto equilibrado y estilizado
- Las proporciones son amplias en relación con la altura y longitud
- La salud es perfecta y la condición óptima

Cabeza y expresión (Chiva 10 pts, Chivo 12 pts)
- Cabeza es medio corta, perfil cóncavo
- Mandíbulas son amplias y fuertes, simétricas
- La mordida es pareja
- Los ojos son brillantes y separados
- Las orejas son medianas, firmes y erectas
- El hocico es ancho y completo
- La nariz es corta y plana
- La expresión es animada y alerta

Pelaje (Chiva 4 pts, Chivo 6 pts)
- Pelaje denso; abundante en chivos.
- El pelo es liso y medio-largo.

Marcas de raza (Chiva 8 pts, Chivo 12 pts)

- Distintas marcas específicas de la raza
- Acentos de color claro en los ojos, frente y hocico
- Contraste de color más oscuro en la corona, las cañas y las patas
- Áreas más claras en la circunferencia son aceptables

Pescuezo (Chiva 3 pts, Chivo 5 pts)
- El pescuezo es fuerte y musculoso
- Garganta fuerte, se integra en la cruz

Hombros (Chiva 5 pts, Chivo 5 pts)
- Los hombros son angulados y relajados
- Los omóplatos están firmemente unidos
- La cruz está casi al nivel de la columna vertebral

Pecho (Chiva 10 pts, Chivo 10 pts)
- El pecho es ancho y prominente
- La circunferencia del corazón es amplia y completa en los codos
- Las costillas son largas y separadas

Barril (Chiva 8 pts, Chivo 8 pts)
- Simétrico, ancho y profunda
- Se ensancha hacia los flancos

Espalda (Chiva 8 pts, Chivo 8 pts)
- La espalda es fuerte y ancha
- Es larga, recta y nivelada con la barbilla y lomos

Grupa (Chiva 8 pts, Chivo 8 pts)
- La grupa es mediana-larga y mediana-ancha

- Las caderas son anchas y casi al nivel de la columna vertebral
- Las fosas paralumbares son altas y separadas
- Las espinas cartilaginosas son prominentes y separadas
- La cola es simétrica y alta

Patas y pies (Chiva 10 pts, Chivo 12 pts)
- Las patas son fuertes y musculosas, en ángulo recto
- Las patas delanteras son rectas y separados
- Hueso cañón corto, codos cerca de las costillas
- Las patas traseras con jarretes cortos y angulados; alineadas con las caderas
- Los metacarpos son cortos y fuertes
- Los pies son bien formados y simétricos
- Los talones son profundos con plantas parejas
- La marcha es suave y equilibrada, sin esfuerzo

Sistema mamario (chivas 12 pts)
- Las tetillas son cilíndricas y simétricas en forma y colocación
- Las tetillas son funcionales
- Las tetillas están libres de la deformidad y de obstrucción
- La ubre es funcional, firme y equilibrada
- La ubre es de tamaño pequeño a mediano, bien colocada

Sistema reproductivo (chivos, sin pts)
- Testículos de tamaño normal
- Los testículos son iguales en tamaño y completamente bajados

Sistema mamario (chivos, sin pts)
- Las tetillas son normales y no funcionales

- Dos únicas tetillas, sin deformidad

Se otorgarán puntos en las categorías anteriores basados en la conformidad de la cabra con el estándar de la raza. Los defectos se evalúan y clasifican de moderados a muy graves. Los jueces usan una detallada hoja de puntuación para evaluar la presencia de defectos descalificatorios o menores que resultan en una reducción de puntos.

b.) Resumen de Puntuación de Exhibición

Aspecto general (Chiva 14 pts, Chivo 14 pts)
Cabeza y expresión (Chiva 10 pts, Chivo 12 pts)
Pelaje (Chiva 4 pts, Chivo 6 pts)
Marcas de raza (Chiva 8 pts, Chivo 12 pts)
Pescuezo (Chiva 3 pts, Chivo 5 pts)
Hombros (Chiva 5 pts, Chivo 5 pts)
Pecho (Chiva 10 pts, Chivo 10 pts)
Barril (Chiva 8 pts, Chivo 8 pts)
Espalda (Chiva 8 pts, Chivo 8 pts)
Grupa (Chiva 8 pts, Chivo 8 pts)
Patas y pies (Chiva 10 pts, Chivo 12 pts)
Sistema mamario (chivas 12 pts)
Sistema reproductivo (chivos, sin pts)

c.) Puntuación de la exhibición

La habilidad del expositor también se evalúa en una escala del 1 al 100. Los expositores se evalúan en tres categorías diferentes con un total de 100 puntos.

Aspecto del animal (20 puntos posibles)
- Condición y aspecto general (la cabra no es demasiado gorda ni flaca, bien presentada y lista para exhibir) - **5 puntos**
- Cascos recortados y en forma - **5 puntos**
- Limpieza (el animal está limpio y sin manchas, acicalado para la exhibición) - **10 puntos**

Aspecto del expositor (10 puntos posibles)
- Ropa y persona aseadas y presentables
- Vestimenta apropiada para la exhibición (sandalias, sombreros y pantalones cortos no están permitidos)

Exhibición del animal en la pista (70 puntos posibles)
- Dirigir al animal - **10 puntos**
  - Entrar a un ritmo normal y caminar a la izquierda alrededor de la pista en sentido horario
  - La cabra responde rápidamente y sigue fácilmente
  - Equipo adecuado para la pista
  - La cabeza se mantiene alta, la marcha es grácil
  - Se exhiben las maniobras adecuadas a petición
- Preparar al animal - **15 puntos**
  - Preparar al animal para su mejor conveniencia
  - Pararse donde se pueda observar tanto al juez como a la cabra
  - Colocar a la cabra para que las patas delanteras estén rectas y las patas traseras ligeramente separadas
- Reconocer defectos de conformación y esforzarse para superarlos apropiadamente - **5 puntos**
- Maniobras - **20 puntos**
  - Liderar a la cabra adecuadamente según las reglas

- o Responder correctamente a las peticiones del juez
- o Actitud ecuánime y alerta en la pista
- o Conducta deportiva y cortés en todo momento
- Conocimiento de la raza - **20 puntos**
  - o Responde correctamente las preguntas sobre las cabras pigmeas
  - o Responde correctamente a preguntas sobre terminología relativa a las cabras

Otras consideraciones para la exhibición

- Ser cortés con los jueces y otros expositores
- Dejar una cantidad apropiada de espacio al caminar o poner a las cabras en línea
- Escuchar atentamente las instrucciones del juez
- Tener aplomo y confianza durante la exhibición
- No permitir que las rodillas de la cabra toquen el suelo
- Exhibir una cabra que ha sido correctamente acicalada y limpiada
- Mantener contacto visual con el juez
- Pararse del lado correcto de la cabra durante la exhibición
- Mantener la cabra entre el expositor y el juez
- Tener excelentes conocimientos sobre la raza pigmea
- Preparar al animal para su mejor conveniencia
- Constantemente colocar primero la pierna correcta
- Exhibir las maniobras correctamente y con fluidez

d.) Resumen del Puntaje de la Exhibición

Condición y aspecto general - 5 puntos
Cascos recortados y en forma - 5 puntos

Capítulo Siete: Exhibición de las cabras pigmeas

Limpieza - 10 puntos
Aspecto del expositor (10 puntos)
Dirigir al animal - 10 puntos
Preparar al animal - 15 puntos
Reconocimiento/superación defectos de conformación - 5 puntos
Maniobras - 20 puntos
Conocimiento de la raza - 20 puntos

Capítulo Ocho: Errores Comunes de los Dueños

En este capítulo encontrarás las explicaciones de algunos de los errores más comunes de los dueños de cabras pigmeas. Si quieres evitar tener problemas con tus cabras, tómate el tiempo para familiarizarte con estos errores, así puedes evitar cometerlos.

Cercas o espacio inadecuado

Las cabras pigmeas pueden ser pequeñas, pero necesitan mucho espacio para correr y saltar. Estos pequeños animales también son sorprendentemente buenas para saltar y escalar, así que si eliges un material para la cerca demasiado corto o no lo suficientemente fuerte, tus cabras podrían escaparse del encierro. Asegúrate de proporcionar un mínimo de 15 pies cuadrados por cabra pigmea y mantener una altura de valla de alrededor de 4 pies del suelo.

No obtener un permiso

Si nunca has tenido ganado antes, es posible que no sepas que necesitas un permiso para mantener las cabras pigmeas en tu propiedad. Si vives en una zona residencial, puedes estar sujeto a ciertas restricciones de zonificación, que limitan el número de cabras pigmeas que puedes tener o te prohíben tenerlas. Verifica con tu ayuntamiento para averiguar qué tipo de restricciones existen y ver lo que tienes que hacer para obtener la licencia apropiada. Es importante que sigas el proceso para obtener la licencia antes de comprar una cabra para evitar la posibilidad de fuertes multas más tarde.

No estar preparado para la responsabilidad

Comprar y mantener una cabra pigmea significa tanto trabajo y responsabilidad como tener un perro. Aunque tengas a tu cabra pigmea en un corral o establo fuera de la casa, eso no significa que no tengas que cuidarla. Si planeas comprar una cabra pigmea, tienes que estar preparado para proporcionarle una alimentación adecuada y refugio - también necesitarás brindarle atención veterinaria de rutina y todas las vacunas necesarias para mantenerla sana. Si no estás dispuesto a comprometerte a asumir estas responsabilidades durante la vida de tu cabra, no la compres.

Tener una sola cabra

Las cabras pigmeas son criaturas muy sociables y prefieren pertenecer a un rebaño. Si no pretendes cruzar a tus cabras, considera tener dos capones (machos castrados). También es posible tener una cabra pigmea como animal de compañía para caballos u otro ganado — y se llevan sorprendentemente bien con perros, sobre todo con pastores de Anatolia.

Tener demasiadas cabras

Aunque son mucho más pequeñas que la mayoría de otros tipos de ganado, de todos modos hay que contemplar la cantidad de cabras que puedes tener. Consulta los requisitos de tu región con respecto a la cantidad máxima de cabras que se permite mantener dentro de tu propiedad y no excedas esa cantidad. Tampoco creas que tienes que tener la cantidad máxima — es mejor para su salud tener menos cabras en un espacio más amplio que tener demasiadas en un espacio reducido.

No separarlas por sexos

Las cabras pigmeas niñeras pueden concebir a una edad muy temprana, así que si no tomas la precaución de separar los machos de las hembras desde el principio, podrías terminar con preñeces no deseadas. Aunque planees criar a tus cabras, es mejor separar los sexos hasta que estén completamente maduros y luego supervisar las actividades de cría. No es una buena idea mantener a los machos intactos junto con las hembras, porque no solo se podrían producir crías no deseadas, sino también podría provocar agresión entre los machos.

Sobrealimentación o cambio de dieta

Estas criaturas son melindrosas con la comida- y tampoco toleran muy bien los cambios de dieta. Una vez que empieces una rutina de alimentación, no hagas cambios repentinos. Los cambios repentinos en la dieta pueden causar serias molestias estomacales e incluso condiciones graves como la enterotoxemia. Si tienes que hacer cambios en la dieta de tu cabra, hazlo gradualmente, en el transcurso de 7 a 10 días.

Técnicas incorrectas de reproducción

Si bien las cabras pigmeas son naturalmente prolíficas, eso no significa que no tienes que investigar antes de cruzarlas. Siempre tómate el tiempo necesario para encontrar las parejas adecuadas para tus chivas, así podrás asegurar que las crías sean sanas.

Nunca aparees un macho de tamaño grande con una hembra de tamaño moderado, porque podría tener un parto difícil.

Destetar a los cabritos demasiado temprano

Cuando nacen los cabritos, inmediatamente empiezan a mamar. Durante los días siguientes, también pueden empezar a forrajear o incluso comer un poco de cereal. Aunque pueden comer estos alimentos, los estómagos de los cabritos todavía no están lo suficientemente desarrollados como para procesar una dieta compuesta solo de cereales y vegetales. Los adultos tienen estómagos con cuatro compartimientos pero cuando son recién nacidos, el rumen no está totalmente desarrollado. Durante las primeras semanas de vida, el cuerpo de un cabrito funciona como si tuviera un solo estómago - la leche va directamente al compartimiento apropiado en lugar de pasar primero por el rumen.

Después de 6 a 8 semanas, el rumen debe estar lo suficientemente desarrollado como para digerir correctamente materia vegetal. Después de unas 10 semanas, es conveniente destetarlos de la leche de su madre. Aunque los cabritos ya pueden estar comiendo algunos alimentos sólidos, es probable que sigan mamando si se los deja con su madre. Por eso, es mejor separarlos de la madre cuando tengan de 10 a 12 semanas de edad.

Capítulo Nueve: Preguntas frecuentes:

En esta sección encontrarás una serie de preguntas más frecuentes acerca de las cabras pigmeas. Si tienes preguntas sobre la compra, alimentación, cría o cuidado de las cabras pigmeas, busca aquí las respuestas.

Los temas de esta sección incluyen:

Preguntas generales
Compra y mantenimiento de cabras pigmeas
Cría de cabras pigmeas
Alimentación de las cabras pigmeas
Salud de las cabras pigmeas

Preguntas generales

P: ¿Las cabras pigmeas son diferentes de las domésticas?

R: La cabra pigmea es una de cabra doméstica en miniatura. Las cabras pertenecen al género Capra, que incluye hasta 9 diferentes especies como la cabra montesa. Las cabras domésticas son simplemente una subespecie de la cabra montesa y las cabras pigmeas son una raza dentro de la subespecie.

P: ¿Cuánto crecen las cabras pigmeas?

R: El tamaño de las cabras pigmeas varía dependiendo del sexo y la cría, pero el tamaño promedio oscila entre 50 y 90 libras con una altura de entre 16 y 24 pulgadas. Las hembras (chivas) suelen ser más chicas y pesan entre 50 y 75 lb y los machos (chivos), pesan entre 60 y 90 lb.

P: ¿Hay diferentes especies de cabras pigmeas?

R: Las cabras pigmeas no son una especie separada sino una raza dentro de la subespecie de cabra doméstica. No hay especies ni razas separadas de cabras pigmeas, pero tienen una amplia variedad de colores. Las cabras pigmeas pueden encontrarse en patrones de colores sólidos o varios colores como blanco, negro, caramelo, gris, marrón y canoso (agutí).

P: ¿Son buenas como mascotas?

R: Se tienen cabras por muchas razones - pueden ser criadas como animales productores de carne, como animales de compañía para otro tipo de ganado, o usadas para investigación. Las cabras pigmeas, sin embargo, son más populares como mascotas. Estos animales son muy dulces y cariñosos por naturaleza así que son excelentes mascotas - particularmente para los niños.

P: ¿Qué tipo de clima es mejor para las cabras pigmeas?

R: Cabras pigmeas son criaturas muy resistentes y se adaptan bien a una variedad de climas diferentes - sólo asegúrate de proporcionarle el refugio que necesita. Si vives en un clima muy cálido, proporciónales a tus cabras un refugio abierto para protegerlas del sol. En climas fríos, el refugio debe ser totalmente cerrado para mantener abrigadas a tus cabras.

P: ¿Cuánto viven las cabras pigmeas?

R: La vida de las cabras pigmeas varía en función de su dieta y de los cuidados que reciba. Sin embargo, por lo general viven de 10 a 15 años.

P: ¿Cuándo se empezaron a popularizar como mascotas?

R: Las cabras domésticas provienen originalmente de África occidental y fueron domesticadas hace miles de años - unos 7,000 a.C. Sin embargo, apenas en la década de los 50, fueron importadas de África a Europa. A lo largo de los años cincuenta, los zoológicos las tenían como animales exóticos. Al final de la década, envíos de estos animales llegaron a Estados Unidos donde los criadores privados empezaron a usarlas como mascotas.

Compra y mantenimiento de cabras pigmeas

P: ¿Necesito un permiso para tener cabras pigmeas?

R: Generalmente se requiere tener permisos o licencias para tener ganado, y las cabras pigmeas no son la excepción. Si planeas mantener cabras pigmeas, sería prudente consultar con tu ayuntamiento local con respecto a las restricciones de zonificación ganadera. Las restricciones pueden variar dependiendo de donde vivas, pero algunas áreas pueden limitar la cantidad de cabras que puedes tener o establecer una superficie mínima que tendrás que proporcionarles. Los requisitos de licencias pueden variar entre los Estados Unidos y el Reino Unido así que es mejor que averigües los requisitos para tu área antes de comprar cabras pigmeas.

P: ¿Cuánto espacio necesito para mis cabras pigmeas?

R: Si haces una investigación básica con respecto a esta pregunta encontrarás varias respuestas diferentes. La cantidad mínima de espacio que debes proporcionar son 15 a 20 pies cuadrados por cabra. Se puede mantener con seguridad un par de cabras en un corral de 30 x 30 pies, siempre y cuando se les brinde también amplio espacio para hacer ejercicio. Ten en cuenta que estas recomendaciones son mínimas - cuanto más espacio puedas proporcionarles, es mejor.

P: ¿Puedo tener una sola cabra?

R: Puedes tener una sola cabra como mascota, pero estos animales suelen estar mejor en grupos. Las cabras pigmeas son criaturas muy sociables y prefieren pertenecer a un rebaño. También se pueden usar como animales de compañía de caballos y otro tipo de ganado, así que si solo tienes una, es conveniente que la tengas con algún otro tipo de animal para que le haga compañía.

P: ¿Es difícil mantener cabras pigmeas?

R: En realidad, es bastante fácil mantener cabras pigmeas y relativamente barato, comparadas con otro tipo de ganado. Como son pequeñas, necesitan menos espacio y alimento que el ganado tradicional y en general son fáciles de atender. De hecho, las cabras pigmeas bien criadas cerca de los humanos son excelentes mascotas para los niños.

P: ¿Qué tipo de restricciones hay para tener cabras pigmeas?

R: Las restricciones varían de una región a otra, así que asegúrate de consultar con tu ayuntamiento local para obtener información específica sobre el mantenimiento de cabras pigmeas en tu propiedad. Puede que te limiten a cierta cantidad de cabras y también es posible que se requiera cierto tipo de establo o corral para alojarlas. Todas las restricciones deben ser enumerarse en el permiso.

P: ¿Necesito un permiso en el RU?

R: Los requisitos de los permisos para tener cabras pigmeas en el RU son diferentes de los de Estados Unidos. Tendrás que presentar un registro de explotación en el Departamento de Medio Ambiente, Alimentación y Asuntos y Rurales, además de etiquetar electrónicamente a todas las cabras que tengas.

P: ¿Puedo tener juntos a los machos y hembras?

R: Es posible mantener los machos y las hembras juntos siempre que los machos hayan sido castrados. Si los machos están intactos, es mejor alojarlos por separado de las hembras para evitar la cría no deseada y la agresión entre machos.

P: ¿Qué otros animales puedo tener con las cabras pigmeas?

R: Las cabras pigmeas son excelentes animales de compañía de los caballos y otros animales - a menudo se utilizan en las instalaciones de cría de caballos y en los hipódromos. Estos animales también se llevan bien con los perros y otros animales domésticos.

P: ¿Cuánto cuesta mantener a las cabras pigmeas?

R: Cuando se trata de averiguar los costos debes considerar tanto los costos iniciales como los recurrentes. Para comprar una cabra pigmea tendrás que invertir primero en el corral o establo y luego comprar el animal - estos costos pueden variar y van desde $300 a más de $1000. También necesitarás descornarla y llevarla al veterinario para estar al día con las vacunas. Los costos recurrentes incluyen comida, atención veterinaria, que variará dependiendo de la cantidad de cabras que tengas y el tipo de comida que elijas para alimentarlas.

P: ¿Cuáles son las ventajas de tener cabras pigmeas?

R: Las cabras pigmeas son mucho más pequeñas que otros animales, así que ocupan menos espacio. Estos animales también son excelentes mascotas e incluso pueden usarse como animales de terapia. Las cabras pigmeas son fáciles de adiestrar y pueden tener cría todo el año.

P: ¿Cuáles son las desventajas de tener cabras pigmeas?

R: Además de necesitar una licencia para tenerlas, también tendrás que construir un establo adecuado - esto puede ser muy costoso. Las cabras también pueden ensuciar y ser destructivas - les gusta saltar, trepar y a veces pueden ser traviesas.

P: ¿Dónde puedo comprarlas?

R: Puedes encontrarlas en centros locales de rescate de cabras y también puedes comprarlas a criadores o a través de anuncios en línea. Adoptar una cabra de un centro de rescate puede ser la opción menos costosa pero comprársela a un criador asegura que la cabra es de buena calidad. Visita el sitio web de tu club local de cabras pigmeas para obtener una lista de criadores registrados.

P: ¿Qué tengo que hacer antes de comprarla?

R: Antes de salir a comprar una cabra tienes que preparar su establo. Consulta los requisitos de zonificación en tu área para determinar cuánto espacio necesitas proporcionarle, y construye un refugio adecuado para la cantidad de cabras que piensas tener. También debes abastecerte de alimentos para tus cabras y ponerte en contacto con un veterinario local para asegurarte de que está disponible para dar vacunas. Después de estos pasos debes encontrar un criador de renombre y ponerte en contacto con él para comprarla.

P: ¿Qué debo preguntar antes de comprar?

R: Antes de comprarle una cabra a un criador es una buena idea hacerle algunas preguntas para asegurarte de que el criador está bien informado y la cabra es de buena crianza. Pregunta la edad de la cabra, así como su estado de salud y su historia. Quizá también quieras preguntar qué tipo de alimento está comiendo para ofrecerle el mismo durante la transición después llevarla a tu casa.

Cría de cabras pigmeas

P: ¿Va a ser complicado reproducirlas?

R: Las cabras pigmeas tienen cría todo el año. De hecho, son muy prolíficas, así que no tienes que hacer gran cosa para alentarlas a tener cría. Es importante mantener los machos y hembras separados a menos que los machos estén castrados o quieras usar tus cabras para cría. Aunque las cabras pigmeas pueden reproducirse a una edad temprana, es mejor esperar hasta que estén completamente desarrolladas.

P: ¿A partir de qué edad puedo reproducirlas?

R: Las cabras pueden tener cría desde los 9 meses de edad, pero es mejor esperar hasta que tengan de 10 a 12 meses. Reproducirlas muy pronto podría atrofiar el crecimiento del feto, o éste podría atascarse durante el parto, causando la muerte de la chiva y del feto.

P: ¿Cuántos cabritos puedo esperar que produzcan por año mis cabras?

R: Las chivas suelen producir por lo general de 1 a 4 cabritos cada 9 a 12 meses después de un período de 5 meses de gestación.

P: ¿Con cuánta rapidez se desarrollan los recién nacidos?

R: Los cabritos empiezan a mamar inmediatamente después de nacer y generalmente pueden correr y saltar en tan sólo 4 horas. Dentro de la semana de haber nacido, los cabritos generalmente comienzan a comer cereales y alimentos ricos en fibra, además de mamar.

P: ¿Cómo puedo asegurarme de que siempre haya leche para mis cabritos?

R: Si planeas reproducir regularmente a tus cabras, puedes cruzar dos chivas alternativamente. Esto asegurará que mientras una cabra esté preñada, la otra estará amamantando y podrá proporcionar leche para los cabritos que estén creciendo.

P: ¿A qué edad debo destetar a los cabritos?

R: No se debe destetar a los cabritos antes de las 8 semanas de edad. La edad ideal para destetarlos es entre las 10 y 12 semanas, en ese momento ya deben estar comiendo alimento sólido. Si se deja a los cabritos con su madre, pueden seguir mamando hasta los 6 meses.

P: ¿Tengo que hacer descornar y castrar a mis cabras pigmeas?

R: El descorne se denomina desbrote y es una cuestión de preferencia. Si pretendes hacerlas descornar, es mejor hacerlo entre los 7 y los 14 días después del nacimiento. Una vez que los brotes se fijan y comienzan a crecer a través de la piel, el descorne es más estresante y peligroso para las cabras. Si no pretendes reproducirlas y solo quieres tenerlas como mascotas, no es mala idea castrar a los machos. Los machos castrados se denominan capones, son excelentes mascotas y no causan los problemas que suelen provocar los machos cabríos.

Alimentación de las cabras pigmeas

P: ¿Necesito alimentar a mis cabras pigmeas si tienen pasturas donde pastar?

R: La nutrición apropiada es muy importante para la salud de tus cabras. Si tus cabras reciben una nutrición adecuada pastando, tal vez no necesites suplementarles la dieta. Sin embargo, las cabras jóvenes, las preñadas y lactantes tienen mayores necesidades energéticas, y pueden requerir alimentación suplementaria.

P: ¿Por qué mi cabra no está tomando agua?

R: Las cabras pigmeas son animales limpios por naturaleza y tal vez no tomen el agua que les das si no es fresca.

P: ¿Cómo digieren su comida?

R: Las cabras pigmeas son animales rumiantes - tienen un estómago con cuatro compartimentos diferentes. Como las vacas, las cabras mastican su comida dos veces - después de tragarla, la regurgitan más tarde y la vuelven a masticar. Los cabritos no nacen con el estómago totalmente desarrollado, no lo necesitan para digerir la leche. El desarrollo completo del estómago de un recién nacido puede demorar entre 8 y 10 semanas y en ese punto pueden digerir correctamente cereales y forraje.

P: ¿Qué tipo de nutrientes necesitan mis cabras?

R: Como todos los animales, las cabras pigmeas requieren un equilibrio de carbohidratos, grasas y proteínas para mantenerse sanas. Tanto los carbohidratos como las grasas les proporcionan energía y la proteína es importante para un sano desarrollo. También son importantes ciertas vitaminas y minerales, incluyendo las vitaminas A y D, calcio, yodo y fósforo

P: ¿Cómo puedo complementarle la dieta?

R: Para asegurarte de que tu cabra pigmea esté recibiendo todos los nutrientes que necesita, tal vez quieras complementar su dieta con vegetales de hojas verdes y maíz. Las verduras y el heno le proporcionan una valiosa fuente de vitamina A, esencial para la salud de la piel y los órganos. El maíz también proporciona vitamina A y la vitamina D puede obtenerse del heno curado al sol.

P: ¿Qué tipo de heno prefieren las cabras pigmeas?

R: Suelen preferir el heno de leguminosas como el heno de alfalfa y trébol antes que el de pasto. Las cabras pigmeas disfrutan de plantas frondosas y malezas pero a veces también pastan gramíneas silvestres.

P: ¿Cuáles son los minerales más importantes en la dieta de una cabra pigmea?

R: Necesitan calcio, fósforo, yodo y selenio en sus dietas. Mientras que los cereales integrales proporcionan fósforo, el calcio puede encontrarse en el heno de alfalfa. El yodo puede añadirse a la dieta de tu cabra ofreciéndole sal yodada y el selenio puede administrarse en forma de inyección, si fuera necesario.

Salud de las cabras pigmeas

P: ¿Cómo puedo evitar que mis cabras se enfermen?

R: Para mantenerlas sanas hay que empezar, en primer lugar, por llevar cabras sanas a tu casa. Asegúrate de comprarle tus cabras a un criador respetable, de que hayan sido vacunadas adecuadamente y de que el rebaño haya sido analizado para detectar cualquier enfermedad. También puedes hacerlas revisar por un veterinario cuando las tengas en tu casa y hacerles administrar las vacunas necesarias. Aparte de eso, simplemente tienes que proporcionarles una dieta saludable y un medio ambiente limpio.

P: ¿Cuáles son las enfermedades que afectan más comúnmente a las cabras?

R: Algunas de las enfermedades más comunes que afectan a estas cabras son la enterotoxemia, el tétanos, la rabia, la enfermedad de Johne , úlceras en la boca y parásitos. Hay vacunas disponibles y se recomiendan para la mayoría de estas enfermedades porque pueden ser muy contagiosas y el tratamiento no siempre es efectivo.

P: ¿Cuáles son las vacunas recomendadas?

R: Tienes que ser cuidadoso al vacunarlas, porque algunas vacunas contienen formas vivas del virus y en realidad pueden introducir la enfermedad en tu rebaño si es que ya no está presente. Las vacunas recomendadas son contra las enfermedades clostridiales como enterotoxemia y tétanos. Se pueden recomendar otras vacunas para úlceras en la boca y rabia si tu rebaño ya ha estado expuesto o si el riesgo de exposición es alto.

P: ¿Necesito un veterinario para que administre las vacunas?

R: No necesariamente. En muchos casos, puedes conseguir las vacunas contra las enfermedades comunes en tu tienda local de alimentación o puedes solicitarlas por un catálogo de ganado. Si has aprendido a administrar correctamente las vacunas, puedes hacerlo tú mismo. Algunas vacunas, como la de la rabia, siempre tienen que ser administradas por un veterinario.

P: ¿Cómo funcionan las vacunas?

R: Una vacuna está diseñada para estimular el sistema inmunológico de tu cabra, para que pueda luchar contra esa enfermedad en particular si está expuesta a ella en una etapa posterior. La vacuna introduce una cantidad muy pequeña de la enfermedad en el cuerpo de la cabra para que su sistema inmune pueda producir anticuerpos para atacarla. La cabra tarda 3 a 4 semanas para producir suficientes anticuerpos para protegerla contra la enfermedad puede hacer falta un refuerzo anual.

P: ¿Cuándo debo empezar a vacunar a mis cabras pigmeas?

R: Los cabritos al nacer no tienen totalmente desarrollado su sistema inmune, y reciben anticuerpos de la leche de su madre. El desarrollo del sistema inmune demora de 8 a 10 semanas, así que es mejor esperar hasta que el cabrito tenga 10 semanas de edad para empezar la vacunación.

Capítulo Diez: Sitios web relevantes

Mantener cabras pigmeas no necesariamente es difícil, pero igual conviene que hagas tu investigación antes de dar el gran paso. Los siguientes sitios web te ayudarán a encontrar toda la información que necesitas para prepararte para tus cabras pigmeas y cuidarlas correctamente después de llevarlas a casa.

En esta sección encontrarás sitios web en las siguientes categorías:

Alimentación de las cabras pigmeas
Cuidado de las cabras pigmeas
Salud de las Cabras Pigmeas
Información general sobre las cabras pigmeas
Exhibición de las cabras pigmeas

1.) Alimentación de las cabras pigmeas

Sitios web de Estados Unidos:

Bogart, Ralph. "Feeding Pygmy Goats." (Alimentación de las cabras pigmeas) Agricultural Research Service – United States Department of Agriculture. (Servicio de investigación agrícola - Departamento de agricultura de Estados Unidos) <http://www.goatworld.com/articles/nutrition/feedingpygmys.shtml>

Kinne, Maxine. "Of Mangers and Feed Plans." (De pesebres y planes de alimentación) Kinne.net. <http://kinne.net/feeding>

90

White, Jamie. "Feeding and Housing Pygmy Goats."
(Alimentación y vivienda de cabras pigmeas) Amber Waves
Pygmy Goats.
<http://www.amberwavespygmygoats.com/index.php?option=co
m_content&view=article&id=1179:feeding>

Sitios web del Reino Unido:

"Growing Crops for Goats." (Cultivos para cabras)
PygmyGoat.co.uk. <http://www.pygmygoat.co.uk/Crops.htm>

"Feeding Goats." (Alimentación de las cabras) British Goat
Society. <http://www.allgoats.com/feeding>

"Goat Feeding Guide." (Guía de alimentación para cabras) Small
Holder Range. <http://www.smallholderfeed.co.uk/Healthcare-
and-Management/Goat-Feeding-Guide-Original.aspx>

2.) El cuidado de las cabras pigmeas

Sitios web de Estados Unidos:

"How to Care for Your Pygmy's: (Cómo cuidar de tus pigmeas:)
Basic Condensed Version." (Versión condensada básica) TJ's
Farms. < http://www.tjsfarms.com/docs/Care.htm>

Hale, Lydia. "Housing." (Vivienda) National Pygmy Goat
Association. <http://www.npga-
pygmy.com/resources/husbandry/housing>

"Pygmy Goat Care." (Cuidado de las cabras pigmeas) Pegasus Valley. <http://www.pegasusvalley.net/PygmyGoatCare.html>

Sitios web del Reino Unido:

"Goats: Introduction to Welfare and Ownership." (Cabras: Introducción a la propiedad y bienestar) RSPCA.org.uk. <http://www.rspca.org.uk/ImageLocator/LocateAsset?asset=document&assetId=1232713000349&mode=prd>

"Pygmy Goat – Raising and Keeping Goats." (Cabra pigmea - Cría y mantenimiento) Goodbye City Life. <http://www.goodbyecitylife.com/animals/pygmy-goat.htm>

"Basic Care Requirements." (Necesidades básicas de cuidado) Pygmy Goat Club. <http://www.pygmygoatclub.org/general_info/basic_care>

3.) Salud de las Cabras Pigmeas

Sitios web de Estados Unidos:

Getzendanner, Laurie. "Goat Vaccinations." (Vacunación de las cabras) National Pygmy Goat Association. <http://www.npga-pygmy.com/resources/health>

"Goat First Aid." (Primeros auxilios para cabras) Amber Waves Pygmy Goats. <http://www.amberwavespygmygoats.com/index.php?option=com_content&view=article&id=340:goat-health>

Boldrick, Lorrie. "Goat Rumen Illnesses." (Enfermedades del rumen de las cabras) UrbanFarmOnline.com. <http://www.urbanfarmonline.com/urban-livestock>

Sitios web del Reino Unido:

"An Organic Approach to Pygmy Goat Health." (Un enfoque orgánico de la salud de las cabras pigmeas) Pygmy Goat Club. <http://www.pygmygoatclub.org/general_info/articles/organic_approach.htmcare>

"Goat Health." (salud de las cabras) British Goat Society. <http://www.allgoats.com/health>

Harwood, David. "Goat Health 4 – Responsible Goat Keeping." (Salud de las cabras 4 - mantenimiento responsable) Nadis.org.uk. <http://www.nadis.org.uk/bulletins/goat-health>

4.) Información general sobre las cabras pigmeas

Sitios web de Estados Unidos:

"Pygmy Goat." (Cabra pigmea) The Oregon Zoo Foundation. <http://www.oregonzoo.org/discover/animals/pygmy-goat>

"Pygmy Goat." (Cabra pigmea) Oklahoma State University Department of Animal Science. <http://www.ansi.okstate.edu/breeds/goats/pygmy/>

"The Pygmy." (La pigmea) National Pygmy Goat Association.
<http://www.npga-pygmy.com/resources/husbandry/about_thePygmy.asp>

Sitios web del Reino Unido:

"Pygmy Goats" (Cabras pigmeas) Goats.co.uk.
<http://www.goats.co.uk/Pygmy_Goats.htm>

"Goat Keeping Information." (Información de mantenimiento de la cabra) PygmyGoat.co.uk.
<http://www.pygmygoat.co.uk/Goatinformation.htm>
"Brucklay Pygmy Goats – Pygmy Goat Information."
(Información sobre la cabra pigmea) BrucklayPygmyGoats.co.uk.
<http://www.brucklaypygmygoats.co.uk/Brucklay_Pygmy_Goats_Pygmy_Information.html>

5.) Exhibición de las cabras pigmeas

Sitios web de Estados Unidos:

"Rules for Official Shows." (Reglas para exhibiciones oficiales) National Pygmy Goat Association. <http://www.npga-pygmy.com/services/ShowRules.pdf>

Wall, Sandi. "Show Ring Etiquette." (Etiqueta para la Pista de exhibición) The Judging Connection.
<http://www.thejudgingconnection.com/pdfs/Pygmy_Goat_Show_Ring_Etiquette.pdf>

"Judging Scoreccard for Pygmy Goat Does & Bucks." (Puntaje para juzgar chivas chivos pigmeos) National Pygmy Goat Association. <http://www.npga-pygmy.com/resources/conformation>

Sitios web del Reino Unido:

"A Few Hints on Showing Your Pygmy Goat." (Algunos consejos para exhibir a tu cabra pigmea) Pygmy Goat Club. <http://www.pygmygoatclub.org/general_info/articles/a_few_hints_on_showing.htm>

Butler, Paul. "Showing." (Exhibición) Pygmy Goats Ireland. <http://www.pygmygoatsireland.com/showing.html>

"The Pygmy Goat Breed Standard." (Estándar de la raza de cabra pigmea) Pygmy Goat Club. <http://www.pygmygoatclub.org/forms/Microsoft%20Word%20-%20THE%20PYGMY%20GOAT%20BREED%20STANDARD 2012

Índice

Referencias

"A Beginner Guide to Kidding." Pygmy Goat Club.
<http://www.pygmygoatclub.org/general_info/kiddingarticle.htm
>

Blackburn, Lorrie. "Normal Values." National Pygmy Goat
Association. <http://www.npga-
pygmy.com/resources/health/normal_values.asp>

Blankevoort, Mary. "Parasitism in Pygmy Goats." National
Pygmy Goat Association. <http://www.npga-
pygmy.com/resources/health/parasitism.asp>

Blankevoort, Mary. "Pneumonia in Goats." National Pygmy Goat
Association. <http://www.npga-
pygmy.com/resources/health/pneumonia.asp>

Bogart, Ralph. "Feeding Pygmy Goats." Agricultural Research
Service – United States Department of Agriculture.
<http://www.goatworld.com/articles/nutrition/feedingpygmys.sht
ml>

"Cost of Raising a Goat." Irvine Mesa Charros 4-H Club.
<http://www.goats4h.com/Goat-costs>

"Dermatitis." Goat World.
<http://www.goatworld.com/articles/dermatitis/>

"Edible and Poisonous Plants for Goats." Fias Co Farm.
<http://fiascofarm.com/goats/poisonousplants.htm>

Everett, Nic. "Guidelines on Pygmy Goat Color Requirements and Descriptions for NPGA Registration." National Pygmy Goat Association. <http://www.npga-pygmy.com/resources/conformation

"Feeding Goats." Fiasco Farm. <http://fiascofarm.com/goats/feeding.htm>

Gasparotto, Suzanne. "Getting Goat Nutrition Right." Onion Creek Ranch. <http://www.tennesseemeatgoats.com/articles2/feedinggoatsproperly.html>

Getzendanner, Laurie. "Goat Vaccinations." National Pygmy Goat Association. < http://www.npga-pygmy.com/resources/health>

"Guidance for Local Authorities on the Licensing of Movements of Livestock." Gov.UK. <https://www.gov.uk/government/publications/guidance-for-local-authorities-on-the-licensing-of-movements-of-livestock>

Hale, Lydia. "Housing." National Pygmy Goat Association. <http://www.npga-pygmy.com/resources/husbandry/housing>

"Holding Register." Gov.UK. <https://www.gov.uk/government/uploads/system/uploads/attachment_data/file/69416/pb13281-holding-register-091209.pdf>

"How to Care for Your Pygmy's: Basic Condensed Version." TJ's Farms. < http://www.tjsfarms.com/docs/Care.htm>

"Judging Scoreccard for Pygmy Goat Does & Bucks." National Pygmy Goat Association. < http://www.npga-pygmy.com/resources/conformation>

"Judging Scorecard for Showmanship." National Pygmy Goat Association. < http://www.npga-pygmy.com/resources/conformation

Kinne, Maxine. "Pygmies for All Reasons." National Pygmy Goat Association. <http://www.npga-pygmy.com/resources/husbandry/allreasons.asp>

Kinne, Maxine. "Smoke Gets in Your Eyes." Kinne.net. <http://kinne.net/disbud.htm>

Kinne, Maxine. "Poisonous Plants and Toxic Substances." National Pygmy Goat Association. <http://www.npga-pygmy.com/resources/health/poisonous_plants.asp>

Krieg, Elaine. "Information on the NPGA Johne's Health Alert." National Pygmy Goat Association. < http://www.npga-pygmy.com/resources/health>

Leman, Maggie. "For Your Information: "Pygmy Goats 101" Pygmy Goat Club. <http://www.keystonepygmygoatclub.com/fyi.htm>

Leman, Maggie. "How to Buy a Pygmy Goat: Questions Buyers Should Ask." National Pygmy Goat Association. <http://www.npga-pygmy.com/resources/husbandry/buying_goat.asp>

Lewis, Mary Ann. "Playground for Pygmies." National Pygmy Goat Association. < http://www.npga-pygmy.com/resources/husbandry/playground>

"Livestock." Waterville Municipal Code. <http://www.codepublishing.com/wa/waterville/html/waterville06/waterville0620.html>

Maas, Jennifer. "Urinary Calculi." National Pygmy Goat Association. <http://www.npga-pygmy.com/resources/health/urinary_calculi.asp>

"Miniature, Dwarf or Pygmy Goats." Farm Alliance Baltimore.org. < http://www.farmalliancebaltimore.org/goats/>

"NPGA Breed Standard." National Pygmy Goat Association. <http://www.npga-pygmy.com/resources/conformation>

Orlando, Kay. "First Aid." National Pygmy Goat Association. <http://www.npga-pygmy.com/resources/health/firstaid.asp>

Orlando, Kay. "Vitamin and Mineral Supplements." National Pygmy Goat Association. < http://www.npga-pygmy.com/resources/health/vitamins>

Panhwar, Farzana. "The Common Diseases of Goats." Goat World. <http://www.goatworld.com/articles/health/commondiseases.shtml>

Pavia, Audrey. "Keeping Goats as Companions." UrbanFarmOnline.com. <http://www.urbanfarmonline.com/urban-livestock>

"Pygmy Goat." BioExpedition.com.
<http://bioexpedition.com/pygmy-goat/>

"Pygmy Goat." Oklahoma State University Department of
Animal Science.
<http://www.ansi.okstate.edu/breeds/goats/pygmy/>

"Pygmy Goat." The Oregon Zoo Foundation.
<http://www.oregonzoo.org/discover/animals/pygmy-goat>

"Pygmy Goats Make Excellent and Unique Pets." Amber Waves
Pygmy Goats.
<http://www.amberwavespygmygoats.com/index.php?option=co
m_content&view=article&id=1775:pygmy-goats-make-excellent-
and-unique-pets-&catid=902:first-time-goat-
buyer&Itemid=73feeding>

"Rabies." Health Central.
<http://www.healthcentral.com/encyclopedia/408/738.html>

Schoenian, Susan. "General Health Care of Sheep and Goats."
Amber Waves Pygmy Goats."
<http://www.amberwavespygmygoats.com/index.php?option=co
m_content&view=article&id=1930%3Ageneral-health>

Schoenian, Susan. "Soremouth (ORF) in Sheep and Goats." Small
Ruminant Info Sheet – University of Maryland Extension.
<http://www.sheepandgoat.com/articles/soremouth.html>

Schoenian, Susan. "Vaccinations for Sheep and Goat Flocks."
Amber Waves Pygmy Goats.
<http://www.amberwavespygmygoats.com/index.php?option=co

m_content&view=article&id=1019%3Avaccinations-for-sheep-and-goat-flocks&catid=21%3Adiseases&Itemid=73>

"Sheep and Goat Keepers – England Important Information." Gov.UK.
<https://www.gov.uk/government/uploads/system/uploads/attachment_data/file/69430/pb13441-sheep-goat-individual-reporting-reqd-101110.pdf>

Talley, Justin. "External Parasites of Goats." Oklahoma State University.
<http://pods.dasnr.okstate.edu/docushare/dsweb/Get/Document-5175/EPP-7019web.pdf>

"Tetanus." Onion Creek Ranch.
<http://www.tennesseemeatgoats.com/articles2/tetanus.html>

"The Biology of the Goat." Goat Biology.
<http://www.goatbiology.com/parasites.html>

"The Pygmy." National Pygmy Goat Association.
<http://www.npga-pygmy.com/resources/husbandry/about_thePygmy.asp>

"The Pygmy Goat Breed Standard." Pygmy Goat Club.
<http://www.pygmygoatclub.org/forms/Microsoft%20Word%20-%20THE%20PYGMY%20GOAT%20BREED%20STANDARD2012.pdf>

"The Pygmy Goat Club: How it Began." Pygmy Goat Club.
<http://www.pygmygoatclub.org/general_info/articles/pgc_howitbegan.htm>

Thompson, Margaret. "The Male Goat." Pygmy Goat Club.
<http://www.pygmygoatclub.org/general_info/themalegoat.htm>

Van Metre, D. "Enterotoxemia (Overeating Disease) of Sheep and Goats." Oklahoma State University.
<http://www.ext.colostate.edu/pubs/livestk/08018.html>

Van Saun, Robert. "Parasites in Goats." Department of Veterinary Science Penn State University.
<http://vbs.psu.edu/extension/resources/pdf/presentations/PR-Goat-internal-parasites-VanSaun.pdf>

Walters, N. Galen. "Coccidiosis: Understanding the Drugs Available for Control." National Pygmy Goat Association.
<http://www.npga-pygmy.com